非传统营销 II

涵盖新兴市场、服务业、耐用品、新品牌以及奢侈品等行业案例

[澳]珍妮·罗曼纽克 ◎ 著　[澳]拜伦·夏普 ◎ 著

麦　青 ◎ 译

HOW BRANDS GROW II

Emerging Markets,
Services, Durables,
New and Luxury Brands

陕西师范大学出版总社

图书代号　SK23N0581

图书在版编目(CIP)数据

非传统营销. Ⅱ／（澳）珍妮·罗曼纽克著；（澳）拜伦·夏普著；
麦青译. —西安：陕西师范大学出版总社有限公司，2022.12
　　ISBN 978-7-5695-3515-0

　　Ⅰ.①非… Ⅱ.①珍… ②拜… ③麦… Ⅲ.①市场营销学
Ⅳ.①F713.50

中国国家版本馆 CIP 数据核字（2023）第 013261 号

How Brands Grow：Part 2：Emerging Markets，Services，Durables，New and Luxury Brands
was originally published in English in 2016. This translation is published by arrangement
with Oxford University Press. Shaanxi Normal University General Publishing House is solely
responsible for this translation from the original work and Oxford University Press shall have
no liability for any errors，omissions or inaccuracies or ambiguities in such translation or for
any losses caused by reliance thereon.

非 传 统 营 销 Ⅱ
FEI CHUANTONG YINGXIAO Ⅱ

[澳]珍妮·罗曼纽克 著　[澳]拜伦·夏普 著　麦 青 译

责任编辑	徐小亮　任　宇
责任校对	梁　菲
出版发行	陕西师范大学出版总社
	（西安市长安南路 199 号　邮编 710062）
网　　址	http://www.snupg.com
印　　刷	陕西龙山海天艺术印务有限公司
开　　本	787 mm×1092 mm　1/16
印　　张	18
字　　数	238 千
版　　次	2022 年 12 月第 1 版
印　　次	2022 年 12 月第 1 次印刷
书　　号	ISBN 978-7-5695-3515-0
定　　价	88.00 元

读者购书、书店添货或发现印刷装订问题，影响阅读，请与营销部联系、调换。
电话：(029)85307864　传真：(029)85303879

谨以此书献给杰拉德·古德哈德——负二项分布规律和收视重合规律的发明者。杰拉德，您教会了我们很多。您的智慧和风趣令我们由衷钦佩。

目录

引言

"我的市场与众不同!"这句老生常谈的话,在某种意义上也算说得过去,毕竟每个市场确实存在一些只有深耕其中的人方能体会的独特之处。但这恰恰说明,在各个市场中,品牌竞争模式和顾客购买行为是基本相似的。营销者必须去发掘这些相似规律,否则很难应对不同市场的营销工作。

《非传统营销Ⅱ》将会深度解读一些关于顾客购买行为以及品牌竞争的本质规律——正是这些本质规律,让我们可以预测品牌到底如何持续增长,以及指导我们提高营销效率。所有自称营销专家的同行都应该对这些基本规律有所了解,尤其是如下两类读者。

一是那些已经阅读《非传统营销》,并且希望了解更多关键概念及实际应用的人。对于这部分读者,我们将会详细解读:什么是心智显著性?什么是购买便利性?以及如何运用你的独特性资产(颜色、品牌标识、调性、字体等)?等等。本书将阐释以下内容:

- 为什么会存在双重危机规律?它不适用于哪些情况?
- 如何通过分析品牌的关联性资产来管理和建立心智显著性?
- 关于那些出其不意的获客方式的神话?

● 有哪些维度可以评估你的独特性品牌资产能力？

二是新兴市场、服务业、电商及奢侈品行业的营销者。本书中，我们的研究对象为包括金融服务业、通信业、快餐业、超市、时尚零售行业、手机、汽车行业等在内的多个领域和品类，以及中国、巴西、土耳其、尼日利亚等多个国家。我们的案例具有广泛的适应性。

我们衷心希望您喜爱《非传统营销 Ⅱ》。期待您的反馈。

致谢

　　我们要感谢以下人员，他们审阅了早期的书稿，指出了其中的错误和混淆之处，他们是扎克·安纳斯伯雷、阿布·巴卡尔、薇薇安·查纳纳、弗兰西斯卡·达尔·欧尔默·雷利、玛格丽特·福克纳、肯斯坦·格林、妮可·哈德纳特、理查德·李、拉里·洛克新、卡特·阮、莎拉·帕特里克、安娜·夏普、露西·西蒙兹、阿里·塔努宋德加加、奎因·德兰、凯利·沃恩和艾米·威尔逊。还要感谢萨拉·帕特里克和埃米莉·普里马维拉。在她们的协助下，大量的研究数据得以面世。我们还要感谢埃伦伯格-巴斯营销研究院的同事们，感谢他们在本书出版过程中给予的慷慨支持与鼓励。同样要感谢研究院的企业赞助人，尤其是欧洲各国、美国和澳大拉西亚的咨询委员会的成员们，他们提供了反馈、数据，以及不断求解的疑难问题。

关于作者

珍妮·罗曼纽克（Jenni Romaniuk）

珍妮·罗曼纽克是南澳大学埃伦伯格-巴斯营销研究院副院长，教授。珍妮的研究领域主要涵盖品牌资产、心智显著性、品牌健康指数、广告效果、品牌独特性资产、顾客口碑，以及顾客忠诚度在品牌增长中所起的作用。珍妮是品牌独特性资产方阵的发明者之一。世界上很多公司都在用品牌独特性资产方阵评估自身品牌独特性资产的实力与战略潜力。她也是心智显著性指标量化研究的先驱。

珍妮是《广告研究期刊》（*Journal of Advertising Research*）的全球执行编辑，同时在另外4本杂志的编辑审查委员会任职。（www. Jenni Romaniuk. com）

拜伦·夏普（Byron Sharp）

拜伦·夏普，博士，南澳大学埃伦伯格-巴斯营销研究院院长，教授。

2013年，拜伦的《非传统营销》被网站广告时代（www. adage. com）读者投票选为年度营销图书。他发表的学术文章超过100篇，同时在5家期刊的编辑委员会任职。近年，拜伦与杰瑞·温德（Jerry Wind）在沃顿商学院共同举办了两场关于广告学规律的研讨会，并于 2009 年和 2013 年在《广告研究期刊》上联合刊发了关于广告科学规律的专题研究文章。

他编撰的大学教材《营销学：理论、证据、实践》（*Marketing：Theory, Evidence, Practice*）已于 2013 年由牛津大学出版社出版。

玛格达·南希-泰尔（Magda Nenycz-Thiel）

玛格达·南希-泰尔，博士，南澳大学埃伦伯格-巴斯营销研究院高级研究员。玛格达主要研究零售业中的自有品牌、品类增长以及网购行为。她在《商业调查期刊》（*Journal of Business Research*）、《广告研究期刊》以及《营销管理期刊》（*Journal of Marketing Management*）等多个国际学术期刊发表文章。玛格达担任《消费行为学期刊》（*Journal of Consumer Behaviour*）副主编。

罗伯特·伊斯特（Robert East）

罗伯特·伊斯特，伦敦金斯顿商学院顾客行为学名誉教授，南澳大学埃伦伯格-巴斯营销研究院兼职教授。罗伯特是一名社会心理学家，并在伦敦商学院取得硕士学位。他的研究主要涉及渠道、顾客忠诚度、顾客品牌切换与口碑效应。罗伯特发起并编写了《顾客行为学：营销中的应用》（*Consumer Behaviour：Applications in Marketing*）一书。此书包含了大量案例与数据，并于 2013 年由赛吉出版社（Sage）出版发行。

埃伦伯格-巴斯营销研究院（Ehrenberg-Bass Institute）

南澳大学埃伦伯格-巴斯营销研究院致力于推进营销科学的发展。它是一所大学中的科研智库，其研究得到了很多国际知名企业的资助，研究成果也被这些企业广泛应用，包括可口可乐、高露洁、第一国家银行、通用汽车、宝洁、特纳广播公司、哥伦比亚广播公司、娱乐与体育节目电视网以及联合利华。更多消息，请访问：www. marketingscience. info。

第一章

品牌到底如何增长?

拜伦·夏普　珍妮·罗曼纽克

关于销量如何增长，一直存在争论，到底是靠更高的市场渗透率（争取新顾客），还是更高的顾客忠诚度（让老顾客多买）？本章将通过以下案例，迅速揭晓答案，证明双重危机规律的存在。

- 新兴市场的品牌；

- 企业服务品牌（工业市场）；

- 服务型品牌；

- 耐用品品牌；

- 区域性品牌及全球性品牌。

这些案例将解释双重危机规律存在的原因及其存在的条件——哪些品牌遵循这个规律，哪些品牌则不然。

品牌到底如何增长？

"唯有增长，方能生存"，这是市场营销的规律。即使是在高速增长的市场中，只有不断提升的市场份额，才能帮助你扩大品牌规模，赢得可以与竞争对手相抗衡的营销预算。有了不断增长的市场份额，即使面对激烈的竞争，你依然可以理直气壮地要求零售商把你的产品摆在货架最好的位置上。

小品牌的管理者很容易把时间浪费在一些无关紧要的事情上，甚至做一些完全不必要的改变而最终伤害自己的品牌。同样的，大品牌的管理者可能因一直高居榜首的数据指标而自鸣得意，结果被敏捷的竞争对手抢走了市场份额。在《非传统营销 II》中，我们会着重讲解品牌管理者可以采用的战略，以及他们需要当心的陷阱。

本章我们会展现渗透率对于品牌增长的重要性，以及如何根据品牌的渗透率数据推测出品牌忠诚度。

你能操控品牌忠诚度吗？

品牌营销战略的根本，到底是要集中精力增加老顾客的忠诚度，还是聚焦争取更多新顾客？从逻辑上来说，这两条路都可以实现品牌增长，但逻辑往往无法告诉我们真实情况。这两条路真的可以同样有效地拉升品牌销量、实现品牌增长吗？

增加忠诚度，意味着要通过让老顾客购买更多产品，从而提升品牌销量（这样一来，竞争品牌的销量就少了）。选择这一战略，意味着一定要努力提升品牌吸引力,例如:提供更好的服务,推行具有吸引力的忠诚顾客激励计划或是积分计划,或者向老顾客推荐相关的产品或服务(即连带销售)。

营销人员往往认为,采用忠诚度战略能够降低营销成本,因为老顾客只占消费人群的一小部分,只需要针对这一人群投放广告。此外,大家会以为,老顾客已经接触过该品牌,与未购买过该品牌的人相比,无须对其进行额外的刺激和诱导,他们就会掏钱买单。这样看来,采取以增加忠诚度为目的的品牌战略,广告触达顾客的费用更低,转化顾客的费用也更低,从而能产生更高的投资回报率。

类似的战略还有留存老顾客,即通过减少顾客流失来扩大顾客群规模。但这种不依靠获取新顾客来提升顾客群规模的方式听上去总有些奇怪。大家常常以为,忠诚度战略会为品牌带来额外好处:它会培养品牌粉丝,这些粉丝的良好口碑会为品牌带来新顾客,从而扩大顾客群规模,或者至少帮助品牌保持一定的顾客群规模。从理论上来说,忠诚度战略结合大力度的老顾客留存战略,可以实现顾客群规模的增长。根据这个逻辑,我们可以得出一个(神奇的)结论:与集中力量获取新顾客的战略相比,通过维系老顾客的战略来维持顾客群更为实惠。

但是,以上这些推论最终被证明都是错误的。

《非传统营销》(2010 年)中用过去几十年的证据指出:提升渗透率和改善忠诚度都可以帮助品牌增长,但提升渗透率带来的销量增长比改善忠诚度要多得多。由此,品牌战略究竟应该聚焦改善忠诚度还是提升渗透率,已经有了清晰的答案:高忠诚度的确能帮助销量提升,但只有同时大幅提高渗透率,品牌才能从高忠诚度中受益。单纯以改善忠诚度为目的的品牌战略不是增长型战略。但令人惊讶的是,尽管证据已经非常明显,还是有很多营销顾问和学者固执于（或是寄希望于）前文中的观点，认为改善忠诚度能够促进品牌增长。

明确品牌增长路径，并不意味着要扼杀品牌营销中的创造力。工程师们制造飞机的方法虽然不同，但这些方法都遵循相同的科学原理：所有飞机设计师选择机身材料的标准是一样的，而且都遵循运动规律和万有引力规律。与此类似，品牌营销决策，如选择哪种媒体播放广告，选择哪个人群为目标受众，营销活动的创意方向、定价机制乃至产品配方，都必须遵循竞争市场的规律。这些商业决策如果成功了，品牌就会遵循同样的规律实现增长。随着品牌增长，品牌的渗透率和忠诚度也会得到提升，提升的幅度是可预见的。真实世界中品牌增长的规律就是我们所说的双重危机规律。

双重危机规律

社会学家威廉·迈克菲（William McPhee，1963）在 20 世纪 60 年代提出了双重危机规律。他在研究观众态度的数据时注意到这一现象：对于不知名的电台播音员（第一重危机）来说，认识他们的人对其喜爱程度也较低（第二重危机）。

安德鲁·埃伦伯格（Andrew Ehrenberg，1972）和克劳德·马丁（Claude Martin，1973）分别记录了人们在选择品牌时的相同行为：品牌所占的市场份额越小，其销售额越低，因为他们的顾客规模（比起市场份额大的品牌）较小（第一重危机），而且这些顾客的忠诚度较弱（第二重危机）。

从那以后，我们在各个领域都能观察到双重危机规律的存在：工业品牌、服务品牌、商店、连锁店、连环画、报刊、广播电台、电视网络、电视节目甚至政界人士。

表 1.1 是工业市场的两个例子：混凝土供应商和冠状动脉支架（医院用的外科手术材料）。

表 1.1　工业市场中呈现的双重危机规律

	混凝土供应商		冠状动脉支架	
	渗透率（%）	购买频次 （3 个月的平均值）	渗透率（%）	购买频次 （6 个月的平均值）
A	46	2.96	18	8.4
B	36	1.54	15	3.2
C	35	1.46	12	3.2
D	31	1.27	8	5.2*
E	26	1.03	8	3.0

　*这一显著的数据偏离是由于一个顾客在短期内多次购买造成的。这种特殊情况虽然不会持续，但的确存在。

　数据来源：皮克福德和古德哈特，2000（混凝土供应商）；麦克卡比、斯特和达克，2013（冠状动脉支架）

如果把品牌按照市场份额从大到小排列，不难发现，渗透率和忠诚度指标会随着品牌市场份额的减少而降低。这一规律同样适用于区域性品牌和全球性品牌。表 1.2 中，高露洁牙膏在中国的市场份额约为冷酸灵牙膏（本土品牌）的 2 倍，高露洁的渗透率（46%）也是冷酸灵的 2 倍（23%），忠诚度也比冷酸灵稍高（高露洁的购买频次为 2.5 次，冷酸灵为 2.2 次；高露洁的类别占有份额为 26%，冷酸灵为 23%）。

表1.2 中国牙膏市场中呈现的双重危机规律（2011）

品牌	市场份额（%）	家庭渗透率（%）	平均购买频次（购买次数）	类别占有份额（%）
佳洁士	19	57	2.8	29
高露洁	14	46	2.5	26
中华	12	43	2.4	25
黑人	11	35	2.7	26
冷酸灵	6	23	2.2	23
黑妹	3	14	1.9	18
云南白药	3	14	2.2	20
竹盐	2	9	2.0	19
两面针	2	9	1.7	17
舒适达	0.3	2	1.5	13
平均	7	25	2.2	22

数据来源：中国凯度顾客指数

市场份额相近的两个品牌，常常有以下两个特征：

● 渗透率指标十分接近，即在某一段时间内，至少购买一次的顾客数量相近；

● 忠诚度指标十分接近，即平均来看，这两个品牌的顾客购买的数量、频次、花销占他们总支出的比例以及再次购买的频率，都十分接近。

理论上，一个品牌可以凭借一群数量少但是忠诚度更高的核心顾客，获取与竞争对手相当的销量，也就是说，成为一个经典的小众品牌。但实际上，这种情况几乎不可能发生。小品牌的渗透率和忠诚度往往与其市场份额相当，即使是聚焦细分市场的小众品牌，也很难获得与大品牌类似的忠诚度。

表 1.2 反驳了"中国顾客没有品牌忠诚度，他们购物只看价格"（如 2014 年《经济学人》提出的观点）这个谬论。马克·昂科斯（Mark Uncles）是中国顾客行为研究的先驱。十多年的时间里，他在中国追踪一组顾客，观察他们在零售渠道的购物行为。昂科斯的团队是第一批在中国提出双重危机规律的团队之一。他们发现，与市场份额较高的品牌相比，市场份额较低的零售商和品牌，其渗透率和忠诚度也较低。（昂科斯，2010；昂科斯和夸克，2008）在耐用品领域，贝内特（Bennett，2008）在针对中国顾客的电视机购买行为研究中也发现了双重危机规律。

中国顾客是有品牌忠诚度的，只是并非百分之百忠诚（很少有人能做到百分之百忠诚）。掌握了双重危机规律，你就能看清中国顾客的品牌忠诚模式，大部分与其他国家顾客类似，偶有例外。

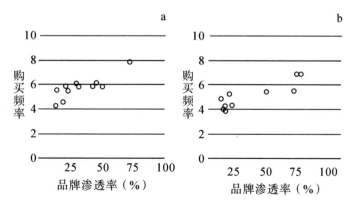

图 1.1　尼日利亚（a）和肯尼亚（b）软饮市场中呈现的双重危机规律（2014）

我们在各个国家的各个品类中都可以观察到双重危机规律，如包装食品、服务业、耐用品等。图 1.1 展示了尼日利亚和肯尼亚的软饮市场中呈现的双重危机规律。表 1.3 中，我们可以从印度尼西亚银行业（的数据）的各个忠诚度指标，诸如购买数量、态度、流失率（与规律相对应的规律，品牌越大，流失率越小）等，观察到双重危机规律。

市场份额较高的品牌拥有更多顾客，顾客的购买频率也略高于市场份额低的品牌。

表 1.3 印度尼西亚个人银行业各指标呈现的双重危机规律（2014）

品牌	渗透率（%）	每个顾客购买产品的平均数量	同意"这是我最喜欢的品牌"的顾客比例（%）	年潜在流失率（%）
亚洲中央银行	64	1.8	57	13
曼迪利银行	63	1.9	48	17
印度尼西亚人民银行	50	1.6	41	17
印度尼西亚国家银行	49	1.7	43	17
印尼储蓄银行	20	1.5	19	36
平均	49	1.7	42	20

当品牌增长或者衰落时，它们的动向也和双重危机规律保持一致。如同双重危机规律所指出的，随着品牌赢得（或丢失）市场份额，其渗透率和忠诚度会相应提升（或降低）。这就意味着，单独看一年或者一个季度的品牌表现指标是无法了解品牌是在增长还是在衰落的。研究者调查了与双重危机规律相悖的数据，看看这些数据是否可以预测品牌的发展趋势，结果是否定

的。（Kearns，Millar & Lewis，2000）区别于人们普遍的认知，品牌的市场份额不会因为顾客对其异乎寻常的高忠诚度而猛涨；在品牌走向衰落之前，也不见得就会出现其顾客忠诚度（就市场渗透率而言）急剧下降的状况——又一个市场谬论不攻自破。

换言之，不论是增长还是衰落的品牌，只要其市场份额处于同一水平，它们的表现是类似的。无论何种品类，两个10%左右市场份额的品牌，渗透率和忠诚度是非常接近的——即使某个品牌去年的市场份额为11%而今年有所下降，另一个品牌去年的市场份额是9%而今年有所增长。当它们上升至一个新的市场份额，它们的表现也和相同级别的品牌没什么两样。这再次证明，尝试通过提高顾客忠诚度来实现品牌增长的策略是行不通的。如果忠诚度策略行得通的话，我们早该掌握高忠诚度能转化为高市场份额的证据了。

显而易见，一个品牌顾客群规模（渗透率）的增长或下降，背后的驱动力其实是顾客拉新水平。无论是增长的品牌或是衰退的品牌，都会流失顾客，流失率取决于各自的相对市场份额。如果拉新水平高于预期，品牌将会增长；如果拉新水平比预期低，品牌将会衰落。（Riebe 等，2014）美国底特律的美国品牌之所以输给日本和韩国的品牌，不是顾客留存率不行，而是美国汽车品牌达不到预期的顾客拉新水平。（Sharp，2009）提高渗透率的唯一办法，就是提高顾客拉新率。

双重危机规律存在于我们探索的各个领域，例如银行业、保险业、零售业、社交网络、手机行业和工业市场领域，覆盖世界各国，从中国到俄罗斯，从尼日利亚到南非，从土耳其到印度尼西亚，等等。鉴于数据研究的有限性，千万不要根据书中所说生搬硬套，而要结合自己的市场数据和市场份额来管理品牌。

渗透法则

市场份额发生变化，往往是因为渗透率发生了较大变化，而忠诚度变化不大——这就是双重危机规律的表现。因为绝大部分品牌离占领市场（超过70%的市场份额）还有很长一段路要走，（在这种情况下）即使以年为单位统计忠诚度指标，品牌的市场渗透率依旧表现平平。即使是以整年来度量，所拥有的渗透率也比较有限。[①] 许多实证数据表明，大部分的品牌处于双重危机规律曲线的中低部位置。（Allsopp, Sharp & Dawes, 2004；Ehrenberg, Goodhardt & Barwise, 1990；Uncles 等，1994）从双重危机规律曲线的一个点移动到另一个点，意味着渗透率发生了很大变化，同时伴有较小的忠诚度变化。

有许多针对（一年内）市场份额变化很小的研究，为这个理论提供了支持。研究表明，品牌的增长和衰落所代表的更多的是渗透率的变化，而非忠诚度的变化。（Anschuetz, 2002；Baldinger, Blair & Echambadi, 2002；McDonald & Ehrenberg, 2003；Romaniuk, Dawes & Nenycz-Thiel, 2014a, b；Sylvester, McQueen & Moore, 1994）

表1.4展示了一个品牌用4年时间在巴西市场份额翻倍的案例。销量提升主要归功于渗透率的增长，在此期间，渗透率提升了82%，忠诚度提高了约35%，远不及渗透率的增长显著。这表示，购买该款牙膏的顾客猛增，而他们的购买频率又比平时高那么一点。

---

① 我们建议品牌管理者使用品牌季度（3个月）指标代替年度渗透率。使用季度指标所反映的情况更贴近现实，也与新兴市场的干预频率更为匹配。

表 1.4　巴西某牙膏品牌在不同时间的市场情况（2006—2009）

年份	市场份额 （%）	家用渗透率 （%）	平均购买 频率	类别需求平均份额
2006	6.3	22	2.3	16
2007	10.1	31	2.8	19
2008	11.7	35	2.9	20
2009	14.1	40	3.1	22
2006—2009 增长率（%）	124	82	35	38

来源：尼尔森巴西日用品板块

　　双重危机规律也会发生例外，当品牌有极高的渗透率或者是陷入了小众市场，即在小众的市场中拥有极高的渗透率（比如在某区域实现垄断的品牌）。在这种情况下，品牌的增长（或衰落）主要反映在忠诚度指标上，仅仅是因为它们已经达到品牌的渗透率上限。

　　小众品牌的增长空间极为有限。除非这些限制能被打破（比如通过更多的分销渠道），否则对这类品牌进行大额投资并开展营销是不明智的。很可惜，小众品牌缺乏发展潜力。相对而言，大赛道当中的小品牌比小众赛道的小众品牌好，因为至少它们还有增长的空间。

为什么会出现双重危机规律？

　　同一市场当中，顾客一般面临许多的品牌和产品选择，虽然品牌之间的产品比较相似，但不同品牌的差距还是挺大的，主要体现在以下两个方面。

　　●顾客的心智显著性不同——指顾客在购买场景下更倾向于想到某个

品牌；

● 产品的购买便利性不同——指某个品牌是否容易被发现和购买到。

本书中我们将会更深入地探索顾客的心智显著性和产品的购买便利性。

高人气品牌在顾客当中具有良好的心智显著性和购买便利性，这意味着更多人会购买它们（更高的渗透率）。小品牌只有很小的心智显著性和购买便利性，很多人甚至不知道这些品牌，即使注意到也很少购买它们（低渗透率）。

品牌的忠诚度与其规模一致，这是为什么呢？这就可以用心智显著性和购买便利性两个因素来解释。两者相结合，便成为某个品牌市场份额的主要驱动力。这意味着人气品牌被更多的人在更多的场合购买，并且在一些地方它们是唯一（或者极少数之一）可购买的品牌。同理，那些轻度顾客知道的品牌不多，他们知道的可能是那些大品牌。

小品牌恰好相反，常被人冷落，知道它们的人少，熟悉它们的人更少，而那些知道它们的人往往是购买该品类的常客，这些人也购买了许多其他品牌包括大品牌的产品。能购买到小品牌产品的店铺又少，这些店通常还跟大型超市在一起，那边同时会有许多大品牌商品。

小品牌面临更大的竞争压力。如图 1.2 所示的俄罗斯和韩国的快餐品牌，和大品牌顾客相比，小品牌顾客购买更多其他的品牌。例如在俄罗斯，最大品牌麦当劳的顾客，同时光顾 2.6 个其他品牌的快餐；与此同时，小品牌斯巴罗的顾客光顾其他品牌快餐的数量（5.6）是麦当劳顾客的 2 倍以上。这种模式被称为自然垄断规律，即市场份额越大的品牌，顾客群里轻度顾客越多（从而垄断了轻度顾客）。

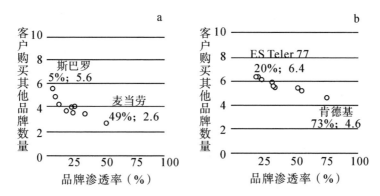

图 1.2　俄罗斯（a）和韩国（b）小品牌快餐吸引的重度顾客

这些差异意味着小品牌的顾客有更多的购买选择。即使你开始很喜欢这个小品牌，但是它弱小的竞争力让人难以记住它（顾客的购买偏好）；即使你记住它了，也很难购买到（产品购买的便利性）。同理，即使你不喜欢刚在麦当劳吃的汉堡，还是有可能某一天再吃，因为它已经深深地记在你的脑海里，而且很容易就能买到。

如果品牌之间的差异（从购买驱动因素而言）取决于顾客的心智显著性和产品购买的便利性，那么就不得不再次提到双重危机规律，即高渗透率的品牌享有较高的忠诚度指标。

回到表 1.3 中印度尼西亚银行的例子。印尼储蓄银行的顾客流失率比其他印尼银行高得多，不是该银行的顾客对其不满意或者该银行服务太差，而是以下两个原因导致的。

- 局限于保障性住房贷款这个有限的产品范围，而没有针对交易账户顾客开发新产品组合的惯例；产品单一，只有住房津贴贷款，没有针对交易账户顾客推出传统产品组合，这就导致其在顾客的心智显著性这一点上受限。

● 和曼迪利银行（约 2000 家分行）和印尼人民银行（约 4000 家分行）相比，网点少（仅有 100 家分行），这就限制了它的购买便利性。

大部分金融行业的顾客流失，是由于顾客生活圈发生变化——搬家、结婚以及生小孩。小银行的网点少、分行少，知名度小的产品很容易受这些顾客情况变化的影响，它们的顾客流失率更高（忠诚度更低）就不足为奇了。

品牌忠诚度与渗透率水平相关，两者都是建立在品牌的心智显著性和购买便利性基础上的。如果一个品牌与其他品牌有显著差异，那么这个品牌将吸引甚至锁定特定类型的顾客，在这种情况下，双重危机模式将不会发生。

也许有人会用零售渠道专有品牌（例如为某些连锁超市定制的品牌）来反驳双重危机规律（尽管这反驳很无力）。零售渠道专有品牌只在某一个连锁渠道中售卖，因而限制了品牌渗透率的增长。这使得这类品牌的指标看起来和双重危机规律所呈现的不太一样，它们的渗透率比预期低，而忠诚度指数较高，形成一个小众模式（同样的结论参见 Dawes, 2013；Pare & Dawes, 2011）——如果仅仅基于这个连锁渠道的销售额或者顾客来统计，这些渠道专有品牌的品牌指标依然遵守双重危机规律，其品牌忠诚度指标与其在渠道当中的市场份额保持一致。

Truong（2014）记录了在 6 个新兴市场中观察到的双重危机偏离情况（巴西、中国、印度、印度尼西亚、马来西亚和菲律宾）。在调查涵盖的 20 次重复购买品类的 450 多个品牌中，仅有 10% 的品牌忠诚度与双重危机规律有较大差异。

以下品类中没有出现任何系统性偏离：

● 本地品牌；

- 全球品牌；

- 高价品牌；

- 折扣品牌；

- 原产地品牌。

所有的偏差情况中，拥有"稍稍高出预期"的忠诚度，约一半是市场中占绝对性领导地位的品牌，在成熟市场中也可以观察到类似的现象。（Fader & Schmittlein，1993；Pare & Dawes，2011）其他的偏差情况比较分散，有的忠诚度高于预期，有的忠诚度低于预期，没有发现特别清晰的模式或原因。

因此，双重危机的偏离现象并不常见。即使发生偏离，偏离程度也不会很大，亦没有发现特别的原因。除非品牌在渗透率上已经占据绝对优势，否则即使指标偏离双重危机规律的预测，也很少因为品牌拥有一群让营销人员梦寐以求的品牌超级粉丝。事实上，对于拥有超高忠诚度的品牌来说，大多数情况下超高忠诚度并非因为品牌拥有一群超级粉丝，更多的是由于品牌渗透率的增长受到了限制。例如，许多新兴市场的地理条件决定了各种当地品牌通常只能在当地销售，无法进入全国性销售渠道，这限制了品牌的渗透率水平。所以，在这种（低）水平渗透率情况下，品牌的市场忠诚度水平可能看起来高，正如零售渠道品牌只在单一的零售渠道中进行销售，这经常被误认为是高忠诚度。

在个别情况下，品牌忠诚度与渗透率水平相比偏低，可能是人们只在特定的场合、有特殊的需求或者在一年中的某个特殊时刻才购买这些产品。这常常是因为品类被定义错了。例如，人们通常只在特殊的场合（50 岁生日）才会购买高端威士忌或者将其作为礼物送人。如果把高端威士忌品牌和普通威士忌品牌放在一起分析的话，两者看起来就会很不一样。但是，如果把多个高端威士忌品牌放到一起分析，那么品牌指标看上去就正常多了。

有意思的是，很多营销理论家喜欢把偏离双重危机规律的特例当成普遍现象来谈论。那些高度差异化、吸引特定人群的品牌，原本是在特定条件下才会出现的情况，却被当成普遍现象。很不幸，市场研究报告进一步加剧了这种误解，他们按部就班地记录品牌消费群体在人口统计学上的（微小）差异，然后用一些图表来（错误地）把微小的差异变成表示巨大的认知差异。如果真是这样的话，双重危机规律就不存在了，但它确实存在。现实世界中，双重危机无处不在，而偏离却很少发生。即使发生了，差异也很小，与预期的相比，实际情况中偏差导致的后果只能算是微不足道。（更多证据，参见《非传统营销》）如上文所述，（现实中）很少能见到严重偏离双重危机规律的现象，即使有也较容易解释。

对于大多数市场和品牌来说，双重危机是清晰可见的。双重危机这一模式不仅仅出现在一些发达国家的稳定、成熟的市场，在新兴市场、服务业、耐用品甚至工业市场也很明显。即使是那些功能上存在显著差异的品类，品牌指标违背双重危机规律的情况也极少发生。

例如，一家南非的女性优先保险公司声称自己的保险产品是为女性量身定做的。的确，他们的顾客群中女性比例高达90%（其他机构平均50%）。但这很不典型，而且作为忠诚度指标的重要体现之一，其单顾客的产品持有量为1.9，与其低渗透率水平相比仅高出一点点。（表1.5）

表 1.5　南非的双重保险（2012）

品牌	穿透率（%）	公司持有的保险产品
超保险	27	2.3
共同联邦	13	2.3
Santam	12	2.5
艾迪克特	11	2.1
自动常规	10	2
预算	7	1.9
AA	7	1.3
直播	6	1.9
ST 银行/Stanbic	5	2
Miway	4	1.8
第一女装店	3	1.9
平均	**10**	**2**

品牌到底如何增长？

　　双重危机规律提供的战略参考显而易见。那就是，在品类顾客从来不买或很少购买的情况下，品牌不可能提升市场份额。将品牌的关注度集中在已有顾客或者重度顾客身上，貌似很有道理，因为人的本性就是倾向于与那些已经了解自己以及喜欢自己的人交流。然而，这种战略不但不会提升品牌销量，还会使品牌受到打击。因为当你忽视轻度顾客的时候，你也失去了获取新顾客的机会。我们将在第二章详细探讨这个问题。

在新兴市场中，如果只关注老顾客，品牌将失去因拓展品类和吸引该品类顾客的绝佳市场机会。赢得新顾客对于品类的增长来说是必不可少的。如果一个品牌想维持其 10% 的市场份额，就必须有 10% 的新顾客持续加入。

值得高兴的是，如果你成功抓住了顾客，提供的产品足够好，保持了良好的心智显著性和购买便利性，顾客自然会重复购买。建立在顾客群和渗透率都提升的营销策略上，忠诚度的提升就水到渠成了。所以，越是持续拓展顾客群，越能收获越高的顾客忠诚度。

清除市场增长的障碍

想要实施有迹可循的增长战略，首先需要去除一切自我设置的障碍。某些品类或市场的增长数字可能会蒙蔽你的双眼，让你看不到自己营销策略中的错误。你觉得品牌的销售量在增长，收入看起来也不错，但是竞争对手可能正在接触你忽略的领域或顾客，并慢慢地将你挤出市场。一个以增长为导向的策略，必须以市场渗透率为导向。而旨在吸引新顾客的策略，通常也会自然而然地吸引老顾客。因为与新顾客相比，老顾客更容易注意到品牌的营销活动。（Harrison，2013）接触新顾客和轻度顾客不会让你忽略老顾客，相反，如果营销策略仅仅着眼于品牌的老顾客群，它会很容易将新顾客拒之门外。

警惕那些建议你要提升顾客忠诚度的咨询顾问，他们会说：营销要聚焦老顾客或者重度顾客，这样才会为品牌带来增长。发达市场中曾经出现过这样一股浪潮：由于要防止顾客流失，提升顾客忠诚度，所以顾客忠诚度计划、顾客关系管理软件、员工培训在企业中极其流行。但是，无论是在这些措施开展之前还是之后,连带销售指标一直都遵循着双重危机规律。

例如,尽管各个银行都竭尽所能让自己脱颖而出,但是实际上顾客在各个银行购买的产品相差甚微,而差异只和银行规模相关,与银行是否采用特定的顾客管理系统(CRM)以及顾客满意度并无关联。大银行,拥有越高的渗透率和越高的产品忠诚度。当然,这些特征与双重危机规律不谋而合。(图1.3,印度银行业的具体数据)

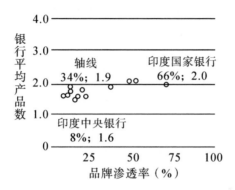

图1.3 印度银行的双重危机规律(2014)

在南非,我们发现一个赞助商——第一人民银行,曾经想要利用连带销售来刺激老顾客购买更多产品,然而并不奏效。他们听说美国威尔斯银行通过这种方式取得了卓越的跨产品忠诚度,并遥遥领先于同行,我们对此表示怀疑。 [金融分析师根据《华尔街日报》分享了我们的疑虑(Smith,2011)]

图1.3清楚地表明,具有更高渗透率的银行,在产品连带上的顾客忠诚度只是略高于同行。即使印度中央银行曾经奇迹般地让顾客平均购买了4个产品(比市场份额第一的银行的产品连带表现高2倍),但它在印度还是一个小银行。印度国家银行依然是市场中的领先者,因为它拥有近乎10倍于

印度中央银行的顾客规模。

南非第一国家银行的管理团队听从了我们的意见，果断地将策略转向以提升渗透率为目标，而且很好地执行了这一策略。如今，第一国家银行已经成为南非第二大银行，同时是增长最快的银行。过去的五年对银行业来说相当艰难，但南非第一国家银行却将顾客规模从 580 万提升到 750 万（增长达 29%），而单个顾客购买的产品数量仅从 2.03 提升到 2.1（提升约 3%）。这一数据很好地印证了双重危机规律。虽然在整个银行业，南非第一国家银行仅有 23% 的市场份额，但在移动支付领域，它是当之无愧的领头羊，占有 33% 的市场份额。2011 年 10 月至 2012 年 9 月，它的线上业务累积了 130 万顾客，增长幅度达 27%。南非第一国家银行被评为"最具创新力的银行"（全球金融银行业奖，华盛顿地区，2012），其首席营销官伯尼斯·塞弥尔（Bernice Samuels）也被评为"年度营销风云人物"。（参见 Bayne，Samuels & Sharp，2014）

结论昭然若揭。想知道为什么你的品牌难以增长吗？你可以先审视一下自己的品牌策略，也许就是它让你的品牌止步不前。另一个阻碍渗透率增长的因素，可能是其他障碍妨碍顾客购买你的品牌。你的品牌很难买到吗？或者很难使用吗？品牌旗下的系列产品可以满足大多数顾客的需要吗？对于主流顾客来说，你的品牌会不会太贵了？

在发展中国家的人看来，美国人住的房子很大，开的车也很大，这意味着他们可以买大包装的产品，而且一次买很多。但在其他国家就不一定行得通了。（他们把这些大包装放在哪里呢？）在某些国家，这些（大包装）会阻碍品牌渗透的增长。对于护发品牌来说，泰国是个很好的市场。泰国人喜欢来自西方的高端品牌，但这些品牌的包装太大了，单瓶价格太贵了，超出了很多家庭每周的采购预算。欧莱雅、宝洁、联合利华等公司在泰国推出小包装的护发产品,获得了成功。站在发达国家顾客的角度,这好像有点违背常识:(和大包装的产品相比)小包装产品的每克单价更高。为什么要在一个不富裕的市场里售卖单价更高的产品?这是因为小包装降低了顾客单次购买的花费,让顾客的起步价变低了。而高起步价是阻碍渗透率提高的关键性因素。单次购买的价格降低了,更多人可以买得起产品,作为偶尔一次的自我犒赏;那些注重头发护理的年轻人可以时不时地买一次,而他们是绝不会攒钱去购买昂贵的大瓶洗发水的。

我的同事约翰·布鲁诺(Johan Bruwer)研究了发达国家和发展中国家顾客购买葡萄酒时遇到的麻烦。在所有市场中,顾客觉得和其他酒类饮品相比,葡萄酒的购买和品尝太复杂了,这成为购买葡萄酒的最大障碍。如果顾客既不懂葡萄酒品牌,也不清楚葡萄品种,整个购买过程会变得很困难,甚至让人望而生畏。不论是零售商还是顾客,他们对葡萄酒知识的需求(以及随之而来的经济回报)是显而易见的。(Ovington 等,2014)但这一情况并不适用于所有葡萄酒营销人员。在印度,喝酒的人认为只有在社交场合或者庆祝场合才该饮用葡萄酒,这一观念限制了人们购买葡萄酒的几率。为了提高葡萄酒的消费量,需要让人们养成在更多场合饮用葡萄酒的习惯,这些场合最好每天都会出现。

有人曾经预言:除非全美 50 个州都酿造葡萄酒,否则无法改变美国人认为的葡萄酒只适合特殊场合的固有印象。今天这一预言已经变成了现实(虽然耗费了近 300 年的时间),如今美国确实成为世界上最大的葡萄酒消费市场。

有意思的是,不论是生活在印度还是澳大利亚、美国或英国,这些国家的葡萄酒潜在客户其实非常相似。他们的相似性远远大于他们的不同。印度顾客表现出的唯一差异是害怕遇到假酒。假酒是印度市场中的大麻烦（如同在威士忌等其他酒类市场中一样），也成为阻碍顾客购买葡萄酒的因素。

忠诚度指标的意义

双重危机规律让忠诚度指标有了实际的场景和指导意义。例如，忠诚度指标的变化可能意味着品牌偏离了正常的增长路径（违背双重危机规律的增长路径）：如果你管理的是一个低渗透率、高购买频次的小众品牌，或者是一个高渗透率、低购买频次的非常规品牌，你得想办法把它纠正过来。如果任其发展，你会发现，虽然投入很多，但品牌的增长空间很小。

结论

不论是发展中市场还是发达市场，不论是服务性品牌还是产品品牌，不论是消费品品牌还是行业性品牌，双重危机规律都是适用的。虽然这条规律已经延续了几十年，但依然是行之有效的市场规律。如今市场已经变得全球化，数字技术和移动技术虽然改变了我们与品牌的互动和购买方式，但这一规律继续有效。即使在受国有银行影响、众多法规约束的金融行业，我们一样能看到双重危机规律。

因此，一个品牌如果想要增长，就必须提升渗透率，不论是通过改善购买便利性还是改善其所占的心智显著性。如果品牌营销策略只专注于构建忠诚度，不能够大幅度提升市场渗透率，这类策略很有可能会失败。一些营销人员过度聚焦顾客忠诚度，以至于依赖价格折扣或是激励甜头来笼络顾客。无论这些营销人员是要构建忠诚度，还是认为忠诚度根本不存在，他们的做法会把品牌带入歧路，品牌也会为此付出高昂的代价。

双重危机规律存在，是因为虽然顾客经常面对一大堆（相似的）竞争品牌，但对于市场中的每个个体来说，每个品牌的购买便利性和他们的心智显著性都是不一样的，顾客天然会倾向于自己经常想得起和买得到的品牌。

不要想当然地认为品牌具备某些特质就可以让它在忠诚度上占据优势。如果一个品牌的忠诚度指标不符合双重危机规律，你可以先看看，是不是什么在阻碍渗透率提升（例如在重点渠道或是地区的铺货不够广），可能正是这些阻碍因素让品牌忠诚度看上去特别高。实际上这些阻碍因素将限制品牌的进一步发展。

双重危机规律说明，品牌的增长取决于（品牌是否）广泛触达新顾客和轻度顾客，在第二章，我们将把目光投向这类顾客。我们将探讨品牌触达低价值顾客，以及重构这类顾客心智结构的战略重要性和营销挑战。

延展阅读

重要的理论需要严谨的论证，因此本章引用了很多数据。读者如果有兴趣研究双重危机规律，或只是想了解这一重要理论在各个领域的体现（例如人们的态度、行为，行业性品牌、服务品牌、耐用品品牌、零售产品品牌、政治投票、媒体），可以参考以下文献资料。

Bennett, Dag & Graham, Charles 2010, "ls loyalty driving growth for the brand infront? A two-purchase analysis of car category dynamics in Thailand",

Journal of Strategic Marketing, vol. 18, no. 7, pp. 573–85.

Bhat, S & FOX, R 1996, "An investigation of jeopardy effects in store choice", *Journal of Retailing and Consumer Services*, vol. 3, no. 3, pp. 129–33.

Donthu, N 1994, "Double jeopardy in television program choice", *Journal of the Academy of Marketing Science*, vol. 22, no. 2, pp. 180–5.

Ehrenberg, Andrew 1972, *Repeat Buying: Theory and Applications*, American Elsevier, New York.

Ehrenberg, Andrew 1991, "Politicians'double jeopardy: a pattern and exceptions", *Journal of the Market Research Society*, vol. 33, no. 1, pp. 347–53.

Ehrenberg, Andrew & Goodhardt, Gerald 2002, "Double jeopardy revisited, again", Marketing Insights, *Marketing Research*, Spring, pp. 40–2.

Ehrenberg, Andrew, Goodhardt, Gerald & Barwise, Patrick 1990, "Double jeopardy revisited", *Journal of Marketing*, vol. 54 (July), pp. 82–91.

McDowell, WS & Dick, SJ 2001, "Using TV daypart double jeopardy effects toboost advertising efficiency", *Journal of Advertising Research*, vol. 41, no. 6, pp. 43–51.

McDowell, WS & Dick, SJ 2005, "Revealing a double jeopardy effect in radio station audience behavior", *Journal of Media Economics*, vol. 18, no. 4, pp. 271–84.

Martin, C. , Jr 1973, "The theory of double jeopardy", *Journal of the Academy of Marketing Science*, vol. 1, no. 2, pp. 148–56.

Michael, JH & Smith, PM 1999, "The theory of double jeopardy: an example from a forest products industry", *Forest Products Journal*, vol. 49, no. 3, pp. 21-6.

Sharp, Byron & Riebe, Erica 2005, "Does triple jeopardy exist for retailchains?", *Journal of Empirical Generalisations in Marketing Science*, vol. 9, <www. empgens. com/ Articleshome/ Articles. html>, viewed 7 july 2015.

Solgaard, H, Smith, D & Schmidt, M 1998, "Double jeopardy patterns for political Parties", *International Journal of Public Opinion Research*, vol. 10, no. 2, pp. 109-20.

Uncles, Mark & Lee, D 2006, "Brand purchasingby older consumers: aninvestigation using the Juster scale and the Dirichlet model", *Marketing Letters*, vol. 17, no. 1, pp. 17-29.

Wright, Malcolm, Sharp, Anne & Sharp, Byron 1998, "Are Australasian brandsdifferent?", *Journal of Brand and Product Management*, vol. 7, no. 6, pp. 465-80.

第二章
瞄准（整个）市场

拜伦·夏普　珍妮·罗曼纽克

第一章我们讨论了双重危机规律，该规律表明，品牌如果要增长，就要提高市场渗透能力，也就是说，每个阶段都要获取更多的顾客。本章我们将更加具体地探究品牌顾客基数的本质。我们将解释为什么抓住品牌轻度顾客、新顾客以及品类轻度顾客才是增长的关键。在这个过程中，我们也将揭穿关于重度顾客的谬论。

本章揭示的科学规律对品牌策略有着重大影响——从品牌资产到媒体计划再到广告投放的内容。这些规律解释了成功的市场人士都是富有经验的大众市场营销人员，他们对顾客的共性和特性有着深刻且与时俱进的认识，并且能够运用这些认识去吸引广阔的消费市场。

"习以为常" 的并不总是对的

市场很大且充满未知，这就会让人想从整个市场的战役中撤出来，退而保护已有的东西——老顾客，尤其是那些经常购买该品牌产品的顾客。类似的，投资回报率（ROI）驱动思维也鼓励我们将关注点放在重度顾客及老顾客身上。本章，我们将用证据来避免对忠诚度的盲信。

我们从解释重度顾客并非是一个好的增长源泉开始。

关于重度顾客的谬论

从市场营销的角度看，重度顾客很有吸引力。比起品牌的普通顾客，重度顾客的价值高得多。但重点是，从品牌增长的角度来看，重度顾客却没有太大意义。对增长有意义的是品牌能鼓励顾客进行更多的购买。而对重度顾客来说，答案却是不多。

第一个比较明显的原因，是重度顾客人数较少。一个典型的品牌，顾客平均购买频次大概是一年 3 次，其中前 20% 的顾客可能一年购买 5—6 次。假设所有的重度顾客一年里再多进行 1 次购买——这个增长已经非常多了（大概 20%）——由于人数不多，实际上也只能给销售带来少量比例的增长。这些只需简单的运算便可得知。

第二个原因不太明显，且与大多数人想法正好相反。想要增加品牌最重度顾客的购买并非易事。品牌最重度的顾客很有可能已经是该品类的重度顾客，所以他们不太可能会增加品类购买率，产生更多购买。并且，由于他们的品牌忠诚度已经很高，也不用把他们从竞争对手那里抢过来。（Sharp，Trinh & Dawes，2014）那么，额外的销量从哪里来呢？

一个品牌对于重度顾客的偏袒，会使你希望他们带来的额外销量形成一个天花板。重度顾客并不是新的品类顾客，他们并非刚开始购买，而是成熟顾客（可将他们想象成一个成熟、饱和的子市场），并且已经有品牌偏好。

如果品牌增长，我们会发现品牌的最重度顾客的贡献很少。

当然，我们希望为品牌留存这些顾客，希望通过营销活动来影响他们——我们几乎总是这么做。这些顾客总是更有可能注意到我们的营销活动：促销折扣、服务的提高。他们的大脑也更容易察觉到我们的品牌及广告。我们几乎无须担心要给这些人特别提醒，我们已经在他们的视线内。

如果说通过对重度顾客的关注，可以多少降低这部分顾客流失的风险，那倒也有所裨益。然而在《非传统营销》一书中我们看到，大部分顾客流失是因为一些完全不可控的因素，如搬家、结婚或死亡。例如，埃伦伯格-巴斯营销研究院一项关于企业换掉他们的财务服务机构的研究表明，60% 的流失原因完全超出营销人员可影响的范围。（Bogomolova & Romaniuk，2009）剩下约 4% 大部分是因为从竞争对手那里得到了一个更便宜的价格，或加入一些采购集团取得更低价的服务。只有 4% 的企业主因为服务问题更换了服务机构——这并不能产生足够刺激来引进费用高昂的服务改进项目！

或者，如果能连带销售给老顾客其他服务，以此实现增长也很好，可实践再一次表明，这非常困难，因为在顾客所持有的产品数量中，服务类品牌的差别很小。（Mundt，Dawes & Sharp，2006）此外，这些顾客只占顾客基数的一小部分，也只占整个潜在市场的一小部分。

这些以重度顾客为导向的策略最乐观的情况也是在碰运气，即便运气好，回报也非常小。

最后，如果说重度顾客会成为品牌的拥护者，会向别人做出推荐从而带来品牌增长也不赖。而现实中大部分口碑却都来自轻度顾客，因为他们人数众多。例如，我们调研过 Matahari（印度尼西亚一家颇受欢迎的连锁百货商店）的顾客，发现 11% 的重度顾客（一个月到店次数超过 3 次）产生的口碑效应只占总量的 15%，而较少到店的顾客却产生了 5 倍多的口碑效应，就因为他们人数更多。这个规律非常典型：其他零售商如更高端的 SOGO、在线零售商 Lazada 都得到相似的结果。任何一个较小的细分市场都意味着较低的口碑效应，而重度顾客在任何品牌的顾客基数中只是一小部分。

这就好比我们假设红头发的人脾气不稳定，会产生 10 倍的负面口碑，这兴许为瞄准红发人士、给他们提供特别服务、避免他们有坏脾气创造了理由！然而，由于红发人群只占到全球人口的 1% ~ 2%，即便很有可能高出 10 倍，产生的负面口碑总量也很小，不需要给他们特别优待！我们需要知道红发人士的比例，以及他们所产生的负面口碑的总量，来衡量他们是否值得特别关注。对重度顾客也是这样：即使他们的购买倾向和口碑传播倾向都更高，也不能产生足够的数量来抵消他们在人数上的不足。

任何顾客都可以传播口碑，但传播需要建立在一定的环境基础上，例如有人来寻求建议。重度顾客人数少，他们处于适合口碑传播的环境的可能性就少。轻度与中度顾客人数多，他们处于适合口碑传播的环境的可能性就更多。想通过培养与重度顾客的关系来刺激他们产生大量持续的口碑，其实是与品牌增长路径相背离的，而且代价高昂。（在本书第七章，我们会更详细地讨论口碑效应）

为什么轻度顾客至关重要？

我们最重度、最忠诚的顾客并非是品牌增长的良好源泉，因为他们不太可能购买更多，并且他们的数量太少不足以产生大的影响。而就轻度顾客来说，情况恰好相反，但故事要有趣得多。让我们从品牌通常拥有多少轻度顾客开始说起。

　　我们（频频）发现，购买品牌 1 次、2 次、3 次（以此类推）的人数呈反 J 型分布，这就意味着，有大量的低频顾客和长尾部分少量高频的顾客。安德鲁·埃伦伯格在 1959 年首先发现了这一点，今天我们在全世界各地包括新兴市场的品牌中仍能看到这种分布。制定品牌策略时，这一分布规律是任何一位品牌经理都能用来武装自己的最重要的信息之一。

　　图 2.1 呈现了不同国家（巴西、菲律宾和土耳其）、不同品类（牙膏、啤酒和软饮）和不同功能特点如本土及国际品牌（对比土耳其可乐和健怡可口可乐）的分布形态。

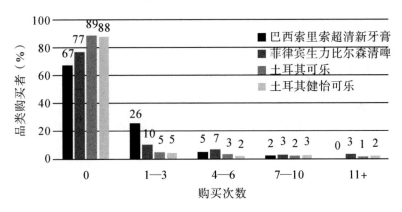

图 2.1　不同种类、国家、品牌的购买频次分布

　　市场份额高的品牌，顾客更多，购买频率也稍高（双重危机规律）。这条规律背后的原因在于负二项分布。品牌购买频次最可能发生变化的就是零购买部分顾客的占比，而这一占比（相反地）代表着每个品牌的市场渗透（图 2.2）。一个品牌增长时，最显著的变化就是零购买柱状条的缩减；如果品牌衰退，最大的变化就是零购买柱状条的增长，也就是市场渗透的变化。

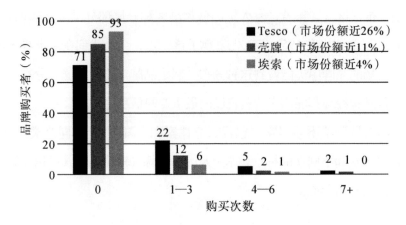

图 2.2　英国燃料品牌购买频次分布（2012）

品牌增长时，新增的轻度顾客会多于新增重度顾客（表 2.1）；品牌衰落时，流失的轻度顾客会多于流失的重度顾客。就对顾客的影响而言，成功的营销活动因此带来了更多的轻度顾客而非重度顾客。也就是说，我们需要大量的购买一次的顾客，以及少量的在一段时间内一次又一次地购买的顾客。仅仅聚焦重度顾客，很容易忘记我们同样需要影响轻度顾客的行为。

表 2.1　市场份额增长 1.5% 的中国牙膏品牌

品牌购买频率	第一年（%）	第二年（%）	变更（Y2—Y1）
0	91.7	89.8	−1.9
1 次	5	6.3	1.3
2 次	1.6	2	0.4
3 次	0.7	0.8	0.2
4 次	0.6	0.5	−0.1
5 次或者更多	0.5	0.5	0

品牌的市场份额变化，其负二项分布也会产生变化：新的购买频次看上去跟旧的很相似。它依然拥有数量众多的轻度顾客及少量重度顾客，大部分顾客的购买率低于平均值。渗透度越高的品牌——顾客更多的品牌，拥有的重度顾客更多。

为了说明这一点，假设品牌 A 和品牌 B 有相同的市场份额，通常拥有相同数量的重度顾客。假设品牌 B 小于品牌 A，那么，它的重度顾客数量会相对较少。这很容易被错误地理解为，品牌 B 更小是因为它没有品牌 A 那么多的重度顾客。事实上，品牌 B 较小是因为它在所有购买量级上的顾客都比品牌 A 少——无论是轻度、中度还是重度。对比图 2.2 的 Tesco 和埃索可以看到，Tesco 在每一区域内的顾客都比埃索多，当然除了 0 购买区域。

这一模式的普遍存在表明，品牌能够成功是通过吸引或留存超出比例的重度顾客，是缺少证据的。[1]

负二项分布同样给我们提供了一个可以预测品牌未来的水晶球。也就是说，一旦市场份额增长，便可以预言品牌未来的购买频次分布。如果品牌的现有市场份额是 1.5%，而你的目标是 3%，你完全可以预测达成 3% 时的轻度、中度及重度顾客的数量。

帕雷托（Pareto）说， 不能忽视轻度顾客

提到帕雷托法则（Pareto law），人们马上会想起：20% 的顾客贡献了80% 的销售额。由于那 20% 的重度顾客如此重要，也难免营销人员会专门针

---

[1]　这突出了正确度量的重要性。不幸的是，我们看到咨询顾问只关注全局的一小部分，从而误解了度量标准。

对他们进行营销，进而忽略掉80%的轻度顾客。但实际情况是，帕雷托法则的80：20规律通常并不准确。2007年，夏普和罗曼纽克全面验证了帕雷托法则，发现它的比率更接近于50：20。最积极的20%的顾客［帕雷托比率（Pareto Share）］贡献了品牌40%~60%的销售额。表2.2中，呈现了不同国家、不同品类的新兴市场中的帕雷托比率。

表2.2 不同品类和国家的品牌平均帕雷托比率

国家	品类	品牌平均帕雷托比率
印度	饼干	64
马来西亚	软饮	64
菲律宾	酒精饮料	60
马来西亚	方便面	57
马来西亚	饼干	55
马来西亚	洗涤剂	55
马来西亚	肥皂	53
马来西亚	牙膏	51
肯尼亚	软饮	50
尼日利亚	软饮	50
印度尼西亚	时尚零售	49
马来西亚	洗发水	49
土耳其	软饮	49
巴西	牙膏	47
中国	牙膏	45
墨西哥	软饮	45
平均		53

这项"新"法则对品牌营销的资源分配有着战略性的影响，区别于通常

的用法——集中资源服务价值最高的顾客。如果 80% 的顾客只能贡献 20% 的销量，我们也不会浪费整整一章来讨论轻度顾客的重要性，他们被大大地忽视了。但是，如果 80% 的顾客实际贡献了差不多一半的销量，又有哪些品牌会忽视他们呢？

要从更长远的角度看待帕雷托法则。帕雷托比率指的是 20% 的重度顾客在一年内贡献的销量占总销量的比率，通常这个比率高达 60%。但是，如果我们追踪这 20% 的顾客，他们在第二年贡献的销量往往会降低，可能有人换了口味，或者离开了这个国家，甚至死去。一大驱动力是统计学家所说的均值回归，意思是：随着时间的推移，过度偏离平均水平的样本（例如 20% 的重度顾客）会逐渐向平均值靠拢。根据"回归"，我们很容易解释上面描述的现象。

一些（但不是全部）重度顾客真的和其他顾客不同，至少在对这个品牌和整个品类的购买行为上表现不同。以洗发水这个品类为例，可能有人头发比较油（需要更多的洗发水），也可能有人特别珍爱自己的头发，无论什么原因，他们会买大量的洗发水。这时候，如果某个品牌有较高的心智显著性和购买便利性（可能是妈妈用过的牌子？），品牌就会将这类人变成自己的忠实顾客。

但是，其他人只是碰巧在那一年内买了很多洗发水，就被品牌打上"重度顾客"（与其他人相比）的标签。这不是他们的常态，只是那一年买了很多而已。很多原因会导致这种情况，例如家里来了客人并住了很长时间，于是买了洗发水给客人用；或者，顾客突然迷上了健身，需要很多洗发水；或者，只是纯粹的机缘巧合。总有些预料之外的原因在同一年凑在一起，让他们比平时买了更多的洗发水。

没错，很多"重度顾客"其实只是碰巧买得更多而已。通常，重度顾客和普通顾客之间的差距并不是很大。很多案例中，重度顾客和普通顾客仅仅相差一次购买。例如表 2.3 中，顾客只需购买 4 次，就会进入前 50% 的顾客名单。有 16% 的顾客只需再多买 1 次就可以进入前 50%。同样，进入前 20% 也只需再多买几次而已。当然，买多买少这种事情经常发生。某个顾客有一年买了 2 次芬达，有一年买了 1 次，然后有一年买了 4 次，他们很难注意到这些变化（一年买 4 次意味着三个月才买 1 次而已）。这位顾客的购买倾向大约是一年 2 次，同时有小幅浮动：有时候买得多一点（有朋友的孩子来玩的时候），有时候买得少一点（带孩子去走亲戚的时候）。所以，有些我们认为的忠诚的"重度顾客"（在我们调查期间买得比较多的顾客）并不是真正存在的，他们只是今年多买了一点，第二年很有可能就会回归到正常购买频率。这种变化导致了回归现象的发生。

表 2.3　芬达在墨西哥的购买频次分布（2014）

购买频次	顾客比例（%）	累计顾客比例（%）	权重
10 次及以上	13	13	
9 次	1	14	前 20%
8 次	3	17	
7 次	3	20	
6 次	7	26	
5 次	9	35	前 50%
4 次	10	45	
3 次	16	61	
2 次	21	82	
1 次	18	100	

由于某些巧合，一些"重度顾客"在下一年买得比平均购买值还要少。综合上文的讨论，在我们认定的"重度顾客"里面，有大约一半的顾客在第二年变得不那么"重度"了。而这些"重度顾客"的空缺，完美地被碰巧今年买得较多的轻度顾客填充掉了[1]。

表2.4是关于两个不同品类的不同品牌在马来西亚市场的相关数据[2]，可以发现，在不同品牌和品类中，前20%的重度顾客的稳定性大约只有50%。换句话说，大约一半被品牌标记为"重度"的顾客在第二年变得不"重度"了。

表2.4　马来西亚的重度顾客稳定性（2011—2012）

香皂	前20%顾客的稳定性	面条	前20%顾客的稳定性
Dettol Regular	47	Maggi	59
Lux	42	Cintan	49
May	29	Mamee	42
Orchid Fruitale	46	Mie Sedaap	59
Lifebuoy	30	Vits	38
Protex	37	Private Lable	53
Antabax	48	Eka	42

① 看起来很神奇吧，掉出重度顾客范畴的数量和跻身重度顾客范畴的数量大抵相当，因而大多数品牌的营业额是比较稳定的。这只是由于统计学上的随机因素。根据统计学，当样本平均值已知的时候，你也可以准确地预测赌场会赢多少钱，输多少钱；或者，预测身高、体重以及学术成绩的分布情况。

② 我们的研究包括了品牌前10%的重度顾客，并根据购买数量和重量对顾客进行分类（Romaniuk & Wight, 2014）。研究结果表明，即便使用不同的方式区分重度顾客，他们的稳定性几乎是一致的。

（续表）

香皂	前 20% 顾客的稳定性	面条	前 20% 顾客的稳定性
Palmolive Naturals	34	Jasmine	42
平均	39		48

来源：凯度观察，马来西亚

我们发现，不管是进入马来西亚的西方品牌（如潘婷、高露洁或可口可乐），还是专为特殊人群设计的品牌（如专为现代穆斯林设计的品牌 SafI），它们的重度顾客稳定性都和之前的调查结果类似。在洗发水市场和牙刷市场，重度顾客的稳定性大概分别是 40% 和 50%。

这种不稳定性令品牌很难通过一段时间的购买数据来区分重度顾客，即使用一整年的数据也并不可靠。错误的顾客分类让许多以数据库为导向的定位营销产生了很多问题。而我们也经常把错误的分类数据作为验证我们营销活动是否成功的重要指标。

当然我们可以更笼统地描述顾客。即使不费很大力气进行市场调研，我们也会发现，欧洲奢侈服装的重度顾客有大量的可支配收入，同时对时尚颇有兴趣。但是，我们必须接受以下几点：

● 大多数符合上述条件的顾客并不是重度顾客（即使他们有潜力成为重度顾客）；

● 相当一部分重度顾客在某一特定时间里并不是我们描述的这样；

● 我们大部分销量来自非重度顾客。

重度品类顾客

在探索营销效率的道路上，有一个经常被人提及的问题：品类里面最重度的顾客就是我们营销的最佳目标吗？没错，这些人的确有最大的潜力买得更多。从效率或投资回报率角度来说，尝试接触这些顾客是非常理性的选择。

在印度，当伊诺比购物中心第一次在班加罗尔开业时，没有人惊讶于它选择了远离市中心的怀特菲尔德作为商城地址。伊诺比购物中心当然要接触最有钱的顾客（他们会买昂贵的衣服，住高级的酒店），但购物中心还有其他的考虑：怀特菲尔德交通相当方便，公路、巴士和铁路都与其相连。这一点对购物和货物运输都非常重要，印度集装箱公司在怀特菲尔德路刚好有一个中转站。

"有的放矢"，大家应该都明白这句话的意思。刚开始，你一般会选择最重度顾客最集中的市场进行起步，特别是当市场非常大的时候。但当品牌增长时，你需要尽量接触这个品类的所有顾客，不管他们是否会频繁购买。实际上，即使在那些需要经常购买的产品类别里面（图2.3），大部分顾客也只是偶尔购买。随着品牌增长，偶尔购买的轻度顾客才是品牌的主流顾客。①

① 我们要避免混淆"购买频次分布"和"购买次数"这两个概念。购买次数是绝对的，它会随着调查时间的增加或减少而变化，但购买频次分布不会随着调查时限而改变。

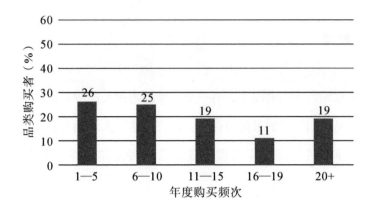

图 2.3 印度饼干品类的购买频次（2011）

当品牌还小的时候，它的顾客基础大部分来自其所在品类的重度顾客。部分是因为一个品类的重度顾客有更多的购买需求，他们买各种各样的品牌，其中包括小品牌。

如果品牌很幸运，能够增长起来，它的顾客群将会逐渐改变。轻度顾客将成为主流，重度顾客只占一小部分。

自然垄断法则

大品牌的一个优势是自然垄断法则。（Ehrenberg，2000）品牌越大，对轻度品类顾客的垄断就越强。你们可以这样想——那些收视率低的电视节目明显观众也更少。我们只要看看那些节目，就很清楚为什么只有那么少的人才会浪费时间看节目。更让人好奇的是，为什么会有人喜欢，而且这类节目的确能吸引受众。是哪一群人在收看这些收视率很低的节目呢？

这么讲吧，那些看低收视率节目的人是一群整天看电视的人。但是，和所有品类相似，重度的电视观众只占小部分。所以一档节目，如果想要得到更高的收视率，就必须不仅迎合那些重度观众，也要吸引轻度观众才行。这就是为什么高收视率的节目如此珍贵：它们吸引了那些基本不怎么看电视的人。自然垄断法则这个规律对于品牌和零售商来说都是一样的。

要想做大品牌，你必须吸引很多轻度品类顾客。不要以为只有一些大品牌会垄断轻度品类顾客，另外一些不会——所有的大品牌都在吸引轻度品类顾客。如果想成为大品牌，你就需要吸引轻度品类顾客。如果你想保持大品牌的地位，就要让你的营销活动能够深入这部分顾客，否则他们会溜走。

这就是为什么投资回报率会阻碍品牌增长：它分散了品牌管理者对游戏核心的注意力。去接触那些不怎么频繁购买该品类的顾客好像有违直觉，投资回报率也看似很低。讽刺的是，重视投资回报率会阻碍品牌规模发展，失去更大、更可靠的利润。

抵制绝对忠诚的诱惑

盲目追求忠诚度会导致品牌特别迷信细分市场精准营销——总是想让那些重度品类顾客只购买你一个品牌。如果顾客是重度品类顾客，而且只忠实于一个品牌，这些人大概是罕见如谜一般的人物。

我们以土耳其和墨西哥的软饮市场为例（表2.5），只有不到1%的重度品类顾客（每天购买1次及以上）才是绝对忠诚的。绝对忠诚度最高的是那些一个月甚至更长时间才购买1次的顾客；然而很不幸，只有不到5%的品类顾客是这个频率。

表2.5　土耳其和墨西哥软饮市场品类购买频率和绝对忠诚度之间的关系（2014）

购买频率	土耳其绝对忠诚（%）	墨西哥绝对忠诚（%）
每天1次及以上	0.5	0.3
两三天1次	0.7	0.5
每周1次	7	6
每月2—3次	14	20
每月1次	29	31
每月1次不到	40	33

　　这对于软饮顾客来说可能不算什么意外——毕竟这是一个低价值品类，顾客大多凭冲动购买，而且渴望多样性。那么，对于另一个完全不同的品类，比如金融服务来说呢？我们发现，顾客购买的金融服务产品越多，他们的绝对忠诚度越低。图2.4就展示了南非银行业的情况，当顾客从购买1个产品增加到购买2个产品时，绝对忠诚的顾客数量立即减半。

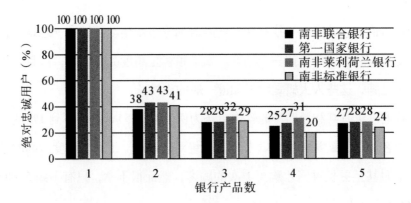

图2.4　南非银行中金融服务产品购买数量和绝对忠诚度之间的关系（2012）

来源：国家广告局顾客调研，2012

把绝对忠诚的购买行为归因于深层次的顾客动机或者渴望是有问题的；那些百分之百忠诚的顾客通常是一些低价值的顾客，他们不会频繁购买该品类。我们所观察到的绝大部分的绝对忠诚只是偶然事件，或因为他们只进行过 1 次购买（而根据定义，他们对所购买的品牌都是百分之百的忠诚）。如果把时间拉长，你会发现，绝对忠诚的比例会下降，因为人们一旦有更多机会去购买这个品类，他们就会购买更多的品牌（表 2.5）。

在不太可能扩大顾客群的情况下，忠诚度（它的极端情况是绝对忠诚）对于增长来说愈发重要。如果对品牌来说，渗透率驱动品牌增长的方式已经到头，那么，忠诚度就不是一个我们可选的而是不得不采用的策略。总之，哪怕是在类似银行和保险这类的会员服务市场，你想要建立百分之百忠实顾客群的极端想法，很可能导致巨额花费，结果终究还是失败。

面向大众市场的复杂营销策略

一些营销教科书把大众营销描述成提供一种单一的营销组合。这是不对的。这个想法是如此的愚蠢，以至于在现实社会中很难找到一个这样的例子。哪怕是可口可乐公司，拥有上百个品牌，也采用不同的销售渠道，在不同的场所进行销售，采用不同的广告（各种语言），哪怕在同一家店里价格都不一样（冷冻罐装价格更高），等等。

产品系列策略和细分市场策略是有分别的。任何一个营销人，要想成功就必须在设计产品系列的时候考虑品类顾客的多元性。你如果想要触及所有购买场景的所有顾客（也就是说，瞄准整个市场），这么做是必须的。但这不需要如细分市场策略所提倡的，用每个产品针对特定顾客。相反，更好的方式是采用"每人每刻"的销售方式。此举的目的是用与需求有关的、有吸引力的产品在尽可能多的购买场景触及所有人，而不是弄得过于复杂，破坏规模优势。这么做的秘诀就是寻找共性，以及可以在物理和心理上双重打动顾客的大众方式。

顾客的生活方式、兴趣爱好、经济水平、年龄等方面都各不相同。你很容易就被这些不同分散了注意力，去创造一些不必要的复杂方案。有任何实际价值的顾客差异应该是极为明显的（比如地域差异）；如果不明显，他们很可能就不重要。

资深的大众营销人可以提供相当多的顾客定制化服务，而并不需要确定和针对不同的顾客。比如很多顾客定制化可以发生在销售购买环节，有很多不同的方式供顾客选择：

- 付款方式；
- 运输方式；
- 包装方式；
- 订单数量；
- 保险；等等。

这类顾客定制化是针对所有顾客的，而不是基于确定和针对特定种类群体。顾客可以进行自我表达，他们用钱包投票。

不要让定位营销害了你

和一般人的认知不太一样，我们认为定位营销并不明智。定位营销没有以顾客为中心。比如烹饪用的盐，简单的定位有意义，但是做过于严苛的顾客细分而不是针对全品类顾客进行营销，往往会导致销量负增长。

很多时候，大家喜欢寻找目标市场，是基于这么一个考虑：品牌是高度差异化的，必须迎合一部分顾客而不是其他顾客，或者是必须要刻意差异化（营销专家科特勒或者阿克就是这么教我的）。而现实社会的购买数据，并不支持这一观点（参见《非传统营销》第五章；Kennedy & Ehrenberg，2001；Kennedy，Ehrenberg & Long，2000；Uncles 等，2012；等人的获奖研究）。竞争品牌有极为类似的顾客群体，而这些顾客混合体中，各种类型的顾客构成比率极为相似。残酷的差别仅仅在于，有些品牌的顾客群要比其他品牌的大。

现代营销一个很危险的做法，就是把市场描述成单一的个人：我们的目标顾客是妮可，28 岁，非常关注环境和可持续发展，在全食超市购物，喜欢尝试新体验，看古典文学，但同时带着罪恶的快感收看《与卡戴珊姐妹同行》。这简直是蠢到极致的定位营销：把每个顾客作为妮可的克隆人来对待。有人会辩解，说这样的描述只是为了让顾客成为活生生的个体，促进思考，但这是懒惰和危险的想法，在广告和传媒规划当中很常见，到最后品牌就只能触及其潜在市场的很小一部分。很多新品牌不能产生足够的销量来证明存在的意义，不是因为产品不够好，而是因为这种定位营销只能让它在销售目标上脱靶。在很小的市场中占据高份额，还是意味着很低的销量。

美国最大的西班牙食品公司——戈雅食品，1936 年创立时，是一个提供类似大豆等的基础食物给西班牙移民的专业分销商。今天，它是美国增长最迅速的食品公司之一，将（广泛的）带西班牙元素的食物介绍给广大的美国国民。"我们喜欢这么说：我们不是面向拉美后裔而营销，我们是把自己当作拉美后裔去营销。"公司首席执行官 Bob Unanue 这样讲。（Wentz，2013）在英国，阔恩素肉提供各种无肉的蛋白餐。他们原本可以针对素食者，因为这一定是这个品牌最明显可以吸引的群体。相反，他们这样解释："我们开始转型，从素食者的替代物（大约英国家庭的 7%）到更广的健康饮食品牌（大约和 70% 英国家庭有关），从而获得了大得多的渗透率增长的机会。"到 2011 年底，阔恩素肉以 680 万英镑的营业额增长领导了高达 62% 的品类增长。(Wragg & Regan，2012)

戈雅食品和阔恩素肉就是营销人的榜样，考虑他们的品牌可以满足的品类需求，而不去过多担心品类中的哪类顾客会购买他们的品牌。这样的思路拓展了潜在市场，创造了更多的销售机会，如果只局限于定位市场的话，这些市场和机会就会错失。

结论

本章解释了为什么轻度顾客最为重要，以及对于建立大品牌来说，面向大众的复杂营销策略的重要性。大部分的增长都是由轻度品牌顾客以及非品牌顾客带来的，因为他们数量多，他们提高购买量的空间大。自然，垄断规律同样强调了设计市场策略的重要性，好的市场策略能触及轻度品类顾客以及轻度品牌顾客。

我们同样揭露了很多在营销人当中兜售的忠诚度和定位的谬论。下一章我们来看一看，你的顾客还在购买哪些其他品牌，以及你可以从中学到什么。

第三章

新顾客从何而来？

拜伦·夏普　珍妮·罗曼纽克

　　我们已经看到，品牌想要增长，就需要吸引新的顾客，并鼓励轻度顾客买得更多一些。也就是说，需要从别的品牌那里赢得顾客，那么，问题来了，哪些品牌的顾客是我们应该重点关注的呢？

　　我们展示了一个规律模式，让管理品牌变得更简单一些。如果仔细研究不同品牌顾客群之间的差异，你会发现，你的品牌其实在和该品类中所有品牌争夺相同的顾客群。这个观察听起来有些令人望而却步，但我们会一一解读，如何利用这个规律为你的品牌服务。

　　我们会通过研究你的顾客还在购买哪些其他竞品品牌，来给你一些品牌管理上的启发。我们会从不同角度阐释如何系统性地分析市场的竞争结构（例如品牌、产品类型、价格或区域）。今天的市场有各种不同的变化，我们需要理解这些变化，从而更好地管理品牌系列。理解市场复杂性的关键，在于了解顾客转换不同品牌或者轮换购买品牌的模式。这里，你会发现一个基础规律——购买重合规律。

相互竞争的品牌有着相似的顾客群

如果定位营销真的有效，我们应该会看到相互竞争的品牌销售给了不同类型的顾客，但这根本不是事实。我们发现，竞争品牌的顾客特征惊人地相似。（Hammond, Ehrenberg & Goodhardt, 1996；Kennedy & Ehrenberg, 2001；Kennedy, Ehrenberg & Long, 2000；Uncles 等，2012）在新兴市场，即使像土耳其、印度和中国这样多样化的国家，品牌情况也是类似的。（Truong, Faulkner & Mueller Loose, 2012；Uncles 等，2012）

例如韩国的快餐业（表 3.1），比较前 10 大品牌顾客的特征，我们会发现，一般来说，品牌顾客群有约一半的男性（48%）；大约六分之一的顾客（15%）年龄为 18—24 岁；约三分之一的顾客（34%）是低收入人群；等等。非常明显的是，当你这样来看数据的时候，每个品牌的情况都非常相似。本地大型连锁汉堡店乐天利，拥有 47% 的男性顾客，这和麦当劳相似（52% 的男性顾客）——它们都和一半非常接近。这些区别，用平均绝对偏差来量化的话，为 1% ~3% 。我们同时可以看到，本地和国际品牌顾客之间的差别是微乎其微的：相互竞争的品牌就是在卖给非常相似的顾客。

表 3.1　过去 6 个月韩国快餐顾客情况——人口统计概况

品牌（根据渗透率排序）	男性（%）	18—24 岁（%）	25—34 岁（%）	低收入人群（%）	高收入人群（%）	有 5 岁以下的孩子（%）	一人家庭（%）	全职工作（%）
*乐天利	47	16	25	37	16	13	8	62
麦当劳	52	16	28	35	17	13	8	67

（续表）

品牌 （根据渗透率排序）	男性 （%）	18—24岁 （%）	25—34岁 （%）	低收入 人群（%）	高收入 人群（%）	有5岁 以下的 孩子（%）	一人 家庭 （%）	全职 工作 （%）
肯德基	51	13	29	35	18	10	9	68
必胜客	48	14	22	31	20	12	6	69
*巴黎贝甜	46	15	24	36	14	11	9	63
唐恩都乐	46	15	27	33	20	14	6	66
多米诺披萨	44	13	29	33	20	16	7	72
*多乐之日	42	18	25	35	15	15	7	63
汉堡王	53	16	29	31	21	11	6	66
*校村炸鸡	50	16	18	31	19	14	7	70
平均值	48	15	26	34	18	13	7	67
平均绝对方差	3	1	3	2	2	2	1	3
平均值 （仅本地品牌）	46	16	23	35	16	13	8	64

*本土品牌

韩国这种现象并不是特殊个案，我们在全球范围内的快餐业都可以看到这个现象。表3.2展现了包括中国、墨西哥、尼日利亚在内的11个新兴市场的情况，主要人口统计变量的平均绝对偏差都很小。

快餐业品牌基本都在争取同样类型的顾客。我们用包含100多个品牌的3000多个交叉分组列表来进行统计，只有2.5%的品牌在这些特征上有10%以上的偏差，尽管这些品牌销售的食品都非常不同（包括当地食物、鸡肉、汉堡、披萨以及甜甜圈）。

表3.2　11个国家快餐顾客情况的平均绝对偏差（%）

国家	性别	年龄	家庭规模（人数）	家中儿童人数	工作状况	收入
巴西	3*	3	2	3	5	3
中国	5	3	2	3	1	4
印度	2	3	2	3	2	2
印度尼西亚	4	2	2	3	2	2
肯尼亚	3	4	2	2	3	3
墨西哥	3	3	2	2	3	2
尼日利亚	4	3	2	2	2	2
俄罗斯	6	3	2	2	3	3
南非	3	2	3	2	3	4
韩国	5	4	2	2	3	2
土耳其	2	3	2	3	2	3
品类平均绝对偏差	**4**	**3**	**2**	**3**	**3**	**3**

　*快餐品牌在巴西的男性顾客占比对比平均值偏差3%。也就是说，如果在顾客群体里的平均值是50%，该品牌数值为47%～53%。

服务业又是什么情况呢？

　　顾客群相似的现象，也延展到了服务业，例如金融服务业、电信业和保险业。表3.3展示了7个国家的个人银行业务数据。虽然我们看到不同供应商之间的偏差大于快餐业的情况，特别是收入和工作状况等变量，但是这些偏差都是很容易被解释的。

表 3.3　2014 年银行顾客情况的平均绝对偏差（%）

国家	性别	年龄	家庭规模（人数）	工作状况	收入
巴西	3	4	3	6	4
中国	4	3	2	2	3
印度	3	3	3	3	3
印度尼西亚	3	4	2	3	7
俄罗斯	5	3	4	4	3
南非	3	2	2	4	6
韩国	4	3	2	3	3
品类品均值	**4**	**3**	**3**	**4**	**4**

我们来研究一下两个银行顾客收入差别比较大的国家情况：印度尼西亚和南非。

在印度尼西亚，这种偏差非常明显。外资银行中，月收入高于 700 万卢比的顾客比例很高（花旗银行，高出 17%；汇丰银行，高出 20%；渣打银行，高出 22%；澳新银行，高出 14%），而本地银行高收入顾客较少（印度尼西亚人民银行，低 18%；印度尼西亚国家银行，低 12%；印度尼西亚国家储蓄银行，低 12%）。

在南非，有几个银行引起了偏差。例如，由南非邮政局运营的邮政银行，有着更多的低收入顾客（高出 29%），而天达银行，一个专业国际投资和资产管理银行，恰恰相反，有更多的高收入顾客（高出 36%）。考虑到不同品牌的功能性区别——提供的服务、费用以及分支机构所在地，偏差的原因也就容易理解了。

我们在总结竞争品牌的顾客群往往相似的规律模式前，再看一个品类

——电信业。手机顾客的增长意味着电信业在新兴市场中的重要性越来越高。通常，这个行业刚刚从政府的管制中脱离，向国外公司开放。

在很多国家只有少数大型的电信运营商的情况下，看起来应该会有更加精确的顾客定位，因为这些互相竞争的公司瓜分了市场。但是，如表 3.4 所示，我们从 8 个国家的数据中发现，不同品牌的顾客情况区别很小，偏差在 3% 左右。仅仅在 4% 的情况中，有品牌偏离品类平均值超过 10%。

表 3.4 2014 年电信业顾客情况的平均绝对偏差（%）

国家	性别	年龄	家庭规模（人数）	孩子的年龄	收入
巴西	2	4	2	5	3
印度	4	3	1	3	2
印度尼西亚	2	5	4	3	3
墨西哥	5	4	3	5	4
尼日利亚	6	4	3	5	4
俄罗斯	4	2	3	3	3
南非	2	1	1	2	2
土耳其	1	2	1	2	2
品类平均值	**3**	**3**	**2**	**3**	**3**

忠诚的"变色龙顾客"

你的顾客和其他品牌的顾客大体上是一样的，原因之一就是，你的顾客也购买其他品牌。即使是那些回到你店里的顾客或者是重复购买的顾客，也在购买竞争对手的品牌。这是竞争市场的一个基本事实。

这种情况很正常，一个品牌经理在看凯度或者尼尔森提供的报告时，如果看到他们的顾客只将一年购买量的 1/3 贡献给了自己的品牌，他们很容易沮丧地得出结论:我的顾客大多数时间都会购买其他品牌。于是他们会精心策划提高忠诚度的策略。实际上,这种顾客行为是非常正常的。用安德鲁·埃伦伯格的一句话来说:你的顾客实际上也是别人的顾客,他们只是偶尔购买你的产品。

在会员服务市场,顾客会把大部分的品类消费集中在一个品牌,例如,我们常常只有一个固定的发型师和牙医。(Sharp,Wright & Goodhardt,2002)但是一旦时间久了或者购买次数多了,我们也会有其他选择。服务业的公司往往提供非常多样的产品和服务,但是他们的顾客很少从同一个供应商那里购买所有的产品和服务。于是,银行或者保险公司会经常发现,只有大约一半的顾客将其作为主要的金融或保险机构。很多顾客同时是其他银行的顾客(图3.1中印度尼西亚和韩国的例子)。对于一些规模较小的银行来说更是这样,例如宝石银行,印度尼西亚第十大银行,顾客中只有15%将其视为自己的主要金融机构;再如韩国的韩亚银行,这个比例也只有26%。

今天特别是在新兴市场,我们经常会看到一个人拥有来自不同供应商的多个手机和多张 SIM 卡,以便得到不同电信运营商的各种优惠活动。有些营销人在面对这个现象时,两手一摊,说:"再没有忠诚度可言了。"这其是非常错误的认知。为什么这么说,有两个原因:第一,自古以来一直都没有忠诚度——我们的祖父辈乃至他们的祖父辈购买品牌的模式就是如此,压根不存在那种让顾客如宗教般忠诚于一个品牌的时代(可能除了市场营销教科书里的童话故事)。第二,虽然人们购买多种品牌,但他们其实也是忠诚的:他们并不是在随机购买品牌。忠诚是自然的人类行为。(Livaditis,Sharp & Sharp,2012;Sharp,2013,pp. 38-41)

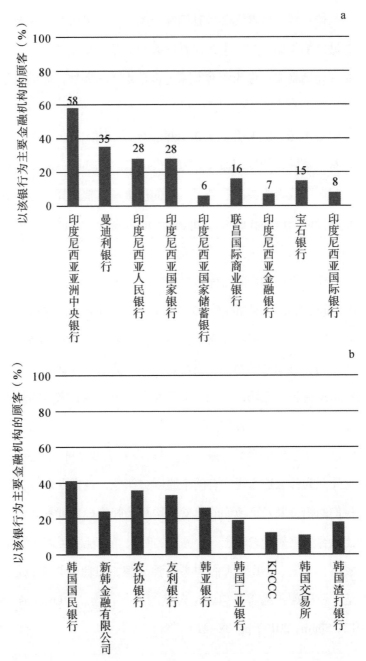

图 3.1　印度尼西亚（a）和韩国（b）把该银行作为其主要金融机构的顾客百分比（2014）

虽然人们不是百分之百的忠诚，但这并不意味着我们就要跳到另一个极端，否认任何的忠诚行为。我们看到，并非所有的两次购买某类产品的人，都会选择两个不一样的品牌——事实上，在这两次购物中，很多人会购买同一个品牌的产品。这样的购买模式可以不停地延伸：购物 3 次的顾客会在 3 个以下的品牌里做出选择，购物 4 次的顾客会在 4 个以下的品牌里选择产品，以此类推。

如果你长期观察重度顾客或者顾客经常购买的产品种类，例如面条，就会发现，他们的品牌库大小或者说实际购买的品牌数量是很少的。人们总是不断回归之前使用的品牌。

由图 3.2 我们可以看出，韩国酒精软饮市场 50 多个品牌中两大清晰的模式。第一，当品类产品购买频率上升时，购买的产品品牌总数（品牌库）也呈增长趋势。第二，当品类产品购买频率上升时，对应品类购买频率的品牌库所占比例会下降——这标志着，人们购买某一种类别的产品越多，他们越会趋于对过去购买品牌的路径依赖。

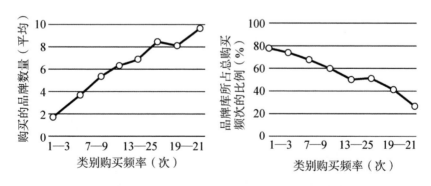

图 3.2　韩国酒精软饮市场中类别购买频率和酒精软饮的品牌规模之间的关系（2012）

顾客通常都是忠诚的，然而以下两种顾客的行为却是反常的：

- 多次只购买一个品牌的产品；

- 每一次都买一种不同品牌的产品。

比较常见的是，真相就在这两种极端情况之间。

利用可预测的顾客群体重叠

实际上，你的顾客（包括潜在顾客）常常会购买其他品牌的产品。购买重合规律告诉我们，一段时间内，你的顾客群中有多少人会去购买竞争对手的产品。简单来说，购买重合规律告诉大家，品牌们是共享顾客群的。

- 大多数人热衷的品牌产品，也会被你的大多数顾客收入囊中；

- 少部分人热衷的品牌产品，你的顾客也不太感兴趣。

这样的话，购买重合规律听上去像是人类的直觉使然，但是它的准确度却令人惊讶。它会预测出，每一个品牌和它的竞争对手之间的顾客群体都会存在相应的重合。重合的水准也和品牌的市场份额相对应。相比小的品牌，大品牌和竞争对手之间会有更大规模的顾客重合。打个比方，这意味着一段时间内，从壳牌购买燃料的英国顾客中有 20% 的人也会惠顾英国石油公司，同时，其他燃料供应商的 20% 的顾客会从英国石油公司采购产品。

购买重合规律表明，不同竞争品牌的顾客群相互重合，到底重合多少取决于他们的品牌规模。这就意味着，竞争主要涉及心智显著性和购买便利性两个因素，而并非品牌的定位、历史、质量等。

这一规律可以帮助我们发现一些特例，也就是不同品牌的区隔者，提供独特的洞见和机遇。但在此之前，我们用一个简单的图表来展示如何发现顾客重叠的可预测模式。

一个购买重合表格可以展示,同一种类产品中,品牌和竞争对手顾客重合的程度。也就是说,在此段时间里,有多少顾客也从别的品牌那里采购。表3.5是一个没有数据的购买重合图表。

表3.5 购买重合(无数据)

品牌	购买比率	也购买其他品牌产品的顾客百分比(%)			
		A	B	C	D
A	最高	100			
B	……		100		
C	……			100	
D	最低				100

单元格中的100%是指品牌和自身的顾客重合,从逻辑上来说,应该就是100%的。其实也可以清空这些单元格,因为这些数字会分散读者对核心规律的注意力,也会曲解每一列的平均值。

购买重合规律的表格适用于一个特定的时间段:一年中,既购买了A品牌产品也采购了B品牌产品的顾客。需要注意的是,能够被计入数据内的情形是:一个A品牌的顾客,从B品牌那里采购了一次。因此,长时间的重合分析可能会步入歧途,因为每一个品牌都可能和其他品牌的顾客群体有很高的重合度。这会让那些或多或少竞争密切的品牌感到困惑。

另一方面,较少的购买重合会发生在很短的时间段,因为大多数顾客只会买一次某一类别产品。这也会引起误解。分析人员应该选择一段足够长的时间,去抓取重复购买的程度数据。换句话说,抓取的时间应该长到让大多数顾客可以发现他们购买的品牌有哪些。所幸的是,这很容易实现,因为除却上文提到的两个极端时间段（过长或者过短），分析并不难。

读者在看到重合表格的时候，需要特别注意，这则规律适用于某一段时间，而不是绝对的标准。不能简单地认为，20% 的壳牌顾客从英国石油公司买燃料，这 20% 的顾客行为发生在一个月或者一年里。

在中国的头发洗护类产品市场里，年度采购的购买重合情况（表 3.6）表明，这一年里的顾客重叠程度有所不同，潘婷与其他品牌共享 2/3 的顾客，而最小的品牌——清扬只和其他品牌共享 1/5 的顾客。

表 3.6　中国头发洗护产品市场的购买重合情况（200*）

顾客购买的品牌	购买该品牌的顾客比例（%）	在 2008 年也购买其他品牌的顾客（%）										
		潘婷	海飞丝	飘柔 DC	力士	霸王	舒蕾	沙宣	飘柔精华	伊卡璐	夏士莲	清扬
潘婷	54		56	39	38	27	31	27	28	29	28	17
海飞丝	49	60		38	34	26	30	26	30	27	28	17
飘柔 DC	33	64	57		39	29	32	28	**53**	30	30	16
力士	31	66	55	41		28	35	33	30	31	33	**23**
霸王	26	55	49	37	34		31	25	27	23	23	16
舒蕾	26	64	57	41	42	31		28	32	28	35	17
沙宣	23	63	54	40	43	28	31		28	38	31	18
飘柔精华	23	64	63	**75**	49	30	35	28		32	31	16
伊卡璐	23	66	58	42	42	25	31	39	32		35	20
夏士莲	23	65	61	42	43	26	39	32	32	35		16
清扬	14	64	61	38	**51**	3	31	31	28	34	27	
平均值	**30**	**63**	**57**	**43**	**40**	**28**	**32**	**30**	**32**	**31**	**30**	**18**

来源：Faulkner, Truong & Romaniuk, 2014

当品牌依据市场渗透率的大小排序时,购买重合规律更为明显。每个品牌都会有大量顾客同时购买更大的市场竞争者的产品,只有少量顾客会同时购买较小的市场竞争对手的产品。另一个明显的洞见是,购买重合规律在这一市场里被证实,忽略掉这一年中品牌商的行为(营销、新的库存量、自然灾害、营销错误),当然还有市场调研中的数据错误,事实上每一列的品牌数据和别的品牌数据(以及平均数)都是极为相似的。

虽然我们已经知道了购买重合规律,但还是可以注意到一些特例。这些特例,在不了解购买重合规律或者不整理这些数据的情况下,是很难发现的。为了看得更清楚,有4个数据需要着重注意。飘柔 DC 和飘柔精华的共享顾客比想象中更多,清扬和力士的共享顾客也是如此。因为这些品牌产品都来源于一个公司,所以会有比预想中更多的共享顾客。

麦当劳的挑战

快餐品类中,品牌之间也存在明显的功能差异,我们来看看快餐品类的品牌是如何竞争的。先想一想:市场上有哪些快餐大品牌?这些品牌的顾客群会如何重合?它们的顾客群会有哪些不同?麦当劳和汉堡王吸引的都是喜欢吃汉堡的人,它们的顾客群重合度会高于预期吗?或者,由于这些品牌提供的产品都很相似,一位顾客可能只需要任选一样就能在他馋汉堡的时候大快朵颐了?那么售卖披萨的必胜客和达美乐呢,你觉得它们之间的顾客重合度会高出预期还是低于预期?

不论这些品牌间的顾客重合度是高还是低,要编一个让人信服的故事来进行解释不是件难事。但数据表明,这两种情况都不对。实际上,麦当劳和汉堡王之间的顾客重合度与购买重合规律预测的一模一样。必胜客和达美乐的情况也是一样。（表3.7）值得注意的是，Vips 和 Sanborns 之间的顾客差异很大，这两家都是提供本地风味简餐的餐厅。

表3.7　墨西哥快餐业的购买重合规律（2014）

某品牌顾客	购买该品牌的顾客比例（%）	同时购买其他品牌的顾客比例（%）									
		汉堡王	达美乐	肯德基	麦当劳	赛百味	必胜客	Vips	Sanborns	奇利斯	Gorditas Dona Tota
汉堡王	56		65	63	62	61	52	46	42	28	16
达美乐	54	66		64	66	59	58	46	40	27	16
肯德基	52	67	67		63	57	56	44	38	28	17
麦当劳	51	68	70	64		60	55	44	37	30	15
赛百味	46	74	69	65	66		55	49	43	32	17
必胜客	42	69	75	70	67	61		47	44	29	14
Vips	35	74	71	66	66	65	57		**61**	37	18
Sanborns	30	78	72	66	63	65	61	**70**		40	19
奇利斯	20	76	72	72	75	73	59	63	59		20
Gorditas Dona Tota	13	72	71	70	60	63	48	49	45	33	
平均	**40**	**72**	**70**	**67**	**65**	**63**	**56**	**51**	**45**	**32**	**17**

除了这个特殊情况，墨西哥的快餐店与其他餐饮店的顾客重合度与该品牌的渗透率一致。每个品牌和汉堡王（大品牌）之间的顾客重合率都比较高，而与 Gorditas Dona Tota（一个小得多的品牌）之间的顾客重合率比较低，不论它们售卖什么类型的食物。这与我们对普通市场的预测是一致的。

在分析特殊情况之前，我们先来回忆一下：在市场竞争中，购买重合规律对想实现增长的品牌意味着什么? 如果奇利斯想要把生意翻一番, 它就得向必胜客看齐。这并不是意味着奇利斯也要开始卖披萨, 而是说它应该扩大自己的顾客群。它增加的销售额大部分来自大的竞争品牌 (如汉堡王、达美乐) 的顾客, 较少来自比较小的品牌。(Sanborns, Gorditas Dona Tota) 奇利斯不应该专注于从某个特定的竞争品牌那里抢得市场份额, 而应该按照各品牌的销售份额, 从所有品牌中获取顾客。

特例背后的洞察

购买重合规律让我们有了一个判断标准: 哪种情况下品牌间的顾客群重合会高出或低于预期。我们很容易发现顾客重合度过高或者过低的情况。根据经验, 我们先看顾客重合度与均值的差异超过 10% 的情况, 但 10% 仅仅是一个指导性的数值。首先引起注意的是, 双边品牌的顾客重合度与均值差异较大的情况 (例如表 3.7 中的 Sanborns 和 Vips)。某些情况下, 单边品牌的顾客重合度与均值偏离较大时也值得关注, 这可能指示了品牌营销中的问题和不足。

探寻这些偏离情况能帮助我们了解顾客最看重的因素, 纠正需要解决的问题, 或是揭开潜藏的市场机会。让我们把目光投向土耳其的软饮品类。和快餐一样, 这个品类中的产品在功能性上有很大差异 (减肥饮料、果味饮料和可乐类饮料), 品牌定位也各不相同 (可乐土耳其把自己定位为 "让你更具土耳其味" 的品牌)。本土品牌 (Uludag, Yedigun) 和国际品牌 (可口可乐、百事可乐和雪碧) 混杂在一起。

切分、分析市场的方法有很多, 我们首先根据购买重合规律构建一张品牌矩阵（表3.8），找出那些顾客重合度高出或低于预期的特殊情况，并由此找出哪些品牌特性能真正显著地影响顾客行为。

表3.8　土耳其软饮采购表副本（2014）

某品牌顾客	购买该品牌的顾客比例（%）	同时购买其他品牌的顾客比例（%）												
		可口可乐	芬达	Ulu-dag	百事可乐	Yedi-Günw	雪碧	Çaml-ica	Sir-ma	可乐土耳其	健怡可乐	零度可乐	七喜	轻怡百事
可口可乐	70		59	48	52	40	43	38	29	17	19	16	12	11
芬达	52	79		55	55	57	47	45	35	23	20	14	14	12
Uludag	45	75	64		53	55	48	58	37	24	20	15	14	12
百事可乐	44	83	65	54		54	47	45	34	25	22	15	15	16
Yedigünw	38	75	79	65	63		50	55	36	28	21	15	18	14
雪碧	37	82	66	59	56	51		53	41	23	25	19	21	14
Çamlica	36	74	65	73	55	58	55		44	31	20	15	18	14
Sirma	26	76	69	62	56	51	57	59		28	28	24	19	16
可乐土耳其	17	72	73	65	66	63	50	67	44		30	17	18	23
健怡可乐	16	83	65	57	61	50	57	44	46	31		41	19	41
零度可乐	14	83	53	50	48	41	50	39	41	20	47		18	32
七喜	10	82	75	63	65	67	80	63	52	30	30	25		20
轻怡百事	10	83	68	56	73	56	55	53	44	40	68	47	21	
平均	26	80	66	60	59	54	55	54	42	28	26	18	18	16

首先，民族主义对品牌选择的影响大不大？请看表3.8，民族主义的确有影响力，但是影响不大。可乐土耳其和可口可乐之间的顾客重合度比均值稍低一点。但在可乐土耳其的顾客群中，72%的人在过去3个月也喝过可口可乐，和80%的均值差异不大。

其次，减肥功能的影响大吗？数据显示，减肥类软饮品牌间（健怡可乐、零度可乐和轻怡百事）的顾客重合度全都高出预期，因此可以得出结论：减肥似乎的确是一个重要的功能区隔。这可能意味着，所有（软饮）公司从谨慎出发都应该有至少一种减肥功能饮料，以保证在这个细分顾客群中可以与其他品牌竞争。如果缺少减肥功能饮料，某些购买场景下，品牌可能无法进入顾客的选择清单，并由此对品牌渗透率的增长产生一定限制。

再次，品牌名的影响大吗？数据显示，轻怡百事与普通百事可乐的顾客重合度高于均值（73%　VS 均值59%）。但普通百事可乐的顾客中，仅有16%同时购买轻怡百事，与均值相近。这很可能是购买便利性的差异造成的。轻怡百事是个小品牌，很可能没有全渠道分销。而在有分销的地方，商店一般都会把它放在普通百事可乐的旁边，由此导致了超高的顾客重合现象。百事公司应该努力解决分销不足的问题，让顾客重合度回归正常水平（就像可口可乐、健怡可乐和零度可乐一样）。共同的品牌名称很少会导致顾客重合度水平偏离购买重合规律的预期，除非其中一个品牌是个弱小的、分销不充分的旁支品牌。这不是一个值得庆祝的好事，而是一个应该被纠正的问题。

本土品牌是一个与众不同的细分市场吗？

纵览品牌全球化的历史研究，本土品牌一直很引人注目。一开始，营销者都认为本土品牌的产品质量比国际化品牌差，会被国际化品牌抢走生意。可现在，在看到新兴市场中本土品牌的成功案例之后，营销人士的态度来了个180°的大转弯，他们改而推测：因为民族主义的存在，人们对本土品牌的忠诚度更高。

正如上文中的两个案例所示（墨西哥快餐品类和土耳其软饮品类，见表3.7和表3.8），国际品牌和本土品牌同台竞技，并没有特别偏向于任何一方的特例出现。而且，从本章的各个案例中，我们并未发现证据证明本土品牌的顾客有任何特别之处。也就是说，并没有一群人特别爱买（或者从来不买）本土品牌。本土品牌与其他品牌在相同的市场内同台竞技。你该畏惧本土品牌还是该无视它们，直接取决于它们目前的市场份额大小。

偶尔也会发现本土品牌的顾客重合度偏离预期，但如上文所及，大多数时候是由于偏居一隅（常常是区域性的）的分销造成的。在中国、印度这种幅员辽阔且因为历史原因曾长期被隔绝于全球市场之外的国家，强势本土品牌的存在是意料之中的。但这些区域性品牌能否增长为强大的全国性品牌就另当别论了。我们的建议是，如果你发现某个品牌的表现有所异常，就应该先从分销充分程度和功能差异性入手寻找数据背后的原因。当这两个因素被排除后，你再去探寻其他更深层次的原因，比如品牌定位或区隔性。

结论

品牌要增长，必然要吸引新的顾客，这意味着品牌要从竞争对手那里获取顾客，本章正是说明哪里是新顾客的来源。了解了品牌间如何竞争，就能更好地找到真正的主战场。我们需要一些简单的、实证的、适用于各个市场的规律，以了解那些复杂的、多层次的品类。请牢记这些关键事实：

- 品牌的顾客群画像应该与所属品类的顾客群画像一致。如果不一致，请找出限制品牌发展的问题，并尽力解决它。

- 将品牌的主要竞争对手设定为高市场份额的大品牌，除非你有实际证据证明事实并非如此。

- 如果品牌市场份额提升了，很可能是从市面上的各个品牌上抢得的，各品牌贡献的比例与它们的市场份额大小相关。因此，在品牌增长的道路上，不要为品牌定位广告语甚至产品功能差异而分心。某些情况下，这些确实造成了影响，但影响程度常远低于你的想象。

- 利用偏离分析以保证品牌时刻面向全市场。不要让品牌因为缺少合适的产品而无法进入某些关键细分品类。如果有可能，找出并且清除这些限制品牌渗透率提升的障碍。

第四章

打造品牌的心智显著性

珍妮·罗曼纽克

　　在前一章，我们解读了为什么品牌是在心智显著性和购买便利性上进行竞争，即便是那些复杂的品类、高度介入的品类，或者无形产品比如服务类品类，也是如此。品牌能否快速增长，取决于能否以更快速度获得这两大资产。在本章，我们将进一步研究品牌的心智显著性，讨论品牌应优先强化的记忆结构，以及不断更新品牌记忆的重要性。

　　同时，我们将根据最新的顾客记忆与行为理论，对大家习以为常的观点，比如顾客购买清单、品牌定位等理念，提出一些新观点。

品牌＝我们的记忆

　　表象是具有欺骗性的。即使在思想最空白最不集中的时刻，我们的大脑也在进行大量活动。不幸的是，大脑就像个不靠谱的朋友，比如约了7点但8点才出现，或告诉你再来一杯啤酒是治疗宿醉的最好办法。大脑总是选择它想关注的点，它的决策可能更依赖几百万年的进化或与外界的接触，而非更有效的意识引导。例如，对我来说，最有用的信息应该是那个瞬间抚平毛燥的新护发素的名字，然而我却只记得佩内洛普·克鲁兹出现在广告中，且上次看见她是在《午夜巴塞罗那》那部电影里。这对我现在和未来的头发状况都没什么帮助！

接触一个品牌时，我们可能会对此经历产生一些想法或感受。这时候，品牌记忆结构就形成了，而这些记忆就是品牌资产的核心。

品牌有很多途径进入我们的日常生活：

- 使用、消费或购买；
- 看见别人使用或购买；
- 看见品牌广告；
- 看见有品牌信息的送货车；
- 与品牌在社交平台上互动；
- 读到、听到朋友或代言人的介绍。

每一次这样的接触都有可能更新已有的品牌记忆或创建一个新的记忆，因此这类大脑活动是可以打造品牌心智显著性的。讨论品牌曝光对顾客记忆的影响时，使用"可能"或"可以"这样的字眼是经过深思熟虑的。因为仅靠曝光并不一定能够达到营销活动通常所追求的那种品牌烙印，但这是一个开始。如果连曝光都没有，打造心智显著性更加没有可能。

我们的大脑非常相似

人类大脑的工作方式其实非常相似。的确，我们有些人精于数学，另一些人更擅长舞蹈。但是，在没有认知障碍的情况下，我们大脑的工作方式大致是相似的。（就像人类的眼睛、耳朵或脚都以类似方式工作）国家和文化差异并不会导致太多差别[①]——神经外科医生进行大脑手术前并不需要知道病人来自哪个国度。

但是，我们的记忆却由我们的生活经历所创造，这也就意味着，每个大脑里承载着不同的内容。神经学家 Susan Greenfield 称记忆为大脑的"个性"表现（Greenfield，2000）。不同顾客在大脑中对品牌进行编码、存储或提取的过程基本相同，但记忆中对产品品类及品牌的接触及体验却千差万别。因此，顾客在不同市场中拥有对品牌和品类的不同记忆。

记忆影响购买，购买也影响记忆

无可争议的是，我们更了解买过的品牌，也会更倾向于买熟悉的品牌。我们几乎不买不了解的品牌，也很少想到没买过的品牌。品牌关联理论中最为大家所认可的一条规律指出：相较于新顾客，品牌顾客更容易与品牌建立关联感。

这一规律最早被安德鲁·埃伦伯格及同事记录在册。（Bird & Channon，1969；Bird, Channon & Ehrenberg，1970）40 年后，Romaniuk、Bogomolova 和 Dall'Olmo Riley（2012）验证，这一规律仍适用于包括新兴市场、耐用品以及服务业等不同国家的多种品类。（表 4.1）事实上，品牌对顾客的影响可持续到购买行为之后很久，我们可以看到，相对于从未购买过的人，品牌老

[①]　强调不同文化下大脑差异的研究，如唐（Tang）及同事（2006）的研究，侧重点在于比较大脑对视觉和听觉信息的偏好性，而不是视觉或听觉信息如何被接收处理。

顾客更容易产生正面的品牌联系。

表4.1　不同国家和品类之间、老顾客和新顾客的品牌联想（2012）

国家	当前顾客（%）	老顾客（%）	从未购买（%）（全部结果）
韩国	36	31	23
印度	77	28	16
巴西	44	13	7
俄罗斯	50	20	9
土耳其	39	10	5
中国	30	15	4
类别			
商业银行	50	20	17
个人银行业务	52	15	10
财务顾问	43	33	11
超市零售商	37	18	8
快餐零售	34	22	8
平均（全部）	**48**	**19**	**10**
平均值	**50**	**20**	**10**

来源：Romaniuk、Bogomplova 和 Dall'Olmo Riley

　　老顾客更容易对品牌产生回应，这种倾向性即意味着，大品牌（拥有更多顾客）通常比小品牌在品牌关联这一项上得分更高。例如，表4.2是来自成熟市场（英国）和新兴市场（南非）的顾客及新顾客对同一威士忌品牌是否是"送礼佳品"做出的回应。每个品牌的老顾客都比新顾客给出了更多的正面回应：从经验来看大概是2—3倍。

表 4.2　两个市场对同一威士忌品牌做出"送礼佳品"回应的比例（2010）

品牌	南非		英国	
	老顾客占比（%）	非顾客占比（%）	老顾客占比（%）	非顾客占比（%）
杰克丹尼	53	31	61	24
钟声	28	20	40	15
赠款	23	10	33	15
平均	**35**	**20**	**45**	**18**

令人吃惊的是，顾客对通常被认为是负面因素的关联感也遵循这一规律。（Winchester & Romaniuk，2008）表 4.3 呈现了土耳其和墨西哥两个市场内的顾客对软饮品牌"昂贵"的回应。这种对"昂贵"的认知不仅是负面的，而且是可描述且真实的，而老顾客相对于新顾客更清楚这一情况。因此，购买经可以让顾客产生对品牌的联想和判定，它可以是正面的，也可以是负面的。后文我们会讨论"顾客是因为不喜欢这个品牌而不买它"这一谬论。

表 4.3　土耳其和墨西哥两个市场对软饮品牌"昂贵"的回应（2014）

品牌 （在平均市场股份订单）	土耳其		墨西哥	
	老顾客占比（%）	非顾客占比（%）	老顾客占比（%）	非顾客占比（%）
可口可乐	43	39	62	50
百事可乐	16	14	22	15
雪碧	17	10	11	7
芬达	14	9	8	7
平均市场	**23**	**18**	**26**	**20**

购物时的大脑运作方式

首先，让我们来看看品牌在大脑中的基本结构，以及我们如何编码、储存、获取大脑中的记忆。接下来，我们就可以利用大脑运作方式来为品牌获利。

联想网络理论（ANT）是一套理论基础相同且被广泛认可的记忆理论体系（详情参见 Anderson & Bower, 1979），它们普遍认为，记忆是由各节点组成的。当这些节点相遇时，即可组成链接（相互关联）。例如，如果某人看见一条有贝克汉姆的阿迪达斯广告，他就有可能在记忆里将贝克汉姆与阿迪达斯联系起来。（阿迪达斯当然很希望这样——他们支付了一大笔代言费）此后，若在世界杯节目中再看到贝克汉姆，他就有可能联想到阿迪达斯。如果他最近正好想买运动鞋，这种联系就给阿迪达斯帮了大忙。

记忆的种类

我们常觉得记忆就像一个图书馆，需要想起某件事时，就好像慢步走进图书馆（搜寻我们的大脑），取出我们寻找的书本（记忆）。这个比喻让我们忽略了一个事实，那就是我们是持续不断、随时随地且非常快速地提取记忆的。以下几类记忆是我们在清醒时几乎一直不断无意识提取的：

- 语义记忆是我们关于词汇及其意思的记忆，例如，新加坡是一个地名，面条是一种食物，Koka 是一个方便面品牌。我们依靠这种认识去推理和解决问题。
- 情节记忆是我们对事件的记忆，例如，上次我们去了一家特别的餐厅庆祝生日。许多记忆由情节记忆开始，渐渐变成了我们综合记忆结构的一部分，而后逐步整合为语义记忆。

- 内隐记忆包括我们处理方式的记忆。内隐记忆通常会指引我们的下意识行为，例如凭借多年驾驶经验开车或者日常购物时的品牌选择。

- 感觉记忆是我们对于味道、声音、视觉、触觉的记忆。例如，吃意面时有嚼劲的感觉。感觉记忆在当时可能非常强烈，但消失得也非常快。

记忆帮助我们度过每一天。它帮助我顺利打出这段文字，而无须刻意回想每一个键盘按键的内容（内隐记忆），或搜索过去的某个事件作为例子（情节记忆），而且确保了我的用词足够准确（感觉记忆）。

我们的品牌记忆

我们每天都有一小段时间作为品牌的顾客和市场活动的受众，这段时间的长度经常会被夸大，其实大部分情况下，多数顾客的购买过程（包括考虑和购买）很短暂，且（理想状态下）只花费很少精力。当我们进行购买时，会依赖记忆的一些子集来做决定。顾客进行购买时，通常的想法和行为分成以下几种：

- 即时的，几乎没有（太多）有意识的思考；

- 受环境影响，环境决定哪部分记忆会被激发；

- 不连续的，也就是说，今天冒出来的想法明天不一定还会出现。

购买时，我们需要搜索记忆，以明确在此情况下应该买哪些东西。这跟完成学校测试有所不同，顾客并非是在脑海中列出某品类的所有品牌清单再去搜寻和筛选自己想要的品牌，而是已经有相对集中的几个品牌选择再做评估而已。这一记忆过程被称为"线索检索"。（更多相关内容参见 Tulving & Craik，2000）

线索检索

我们（容易）想到的东西很大程度上决定了我们会购买什么，所以，是什么决定了我们在某一情形下会想到什么呢？首先，用来获取记忆的线索是很重要的，这决定了你的思路会沿着哪条路径走下去。打开绿色这扇门，你走向记忆的一条路；打开红色这道门，出现的是另外一条路径。

记忆线索来自外部环境和我们的内在想法，有时候二者是同时发生的。一条被激发的线索首先激活记忆里直接关联的品牌。当品牌和线索同时出现时，这些直接关联便产生了。如果没有与线索直接联系，品牌从记忆中被检索到的可能性极小。

这意味着以下两件事情对品牌管理来说非常必要：

- 知道顾客考虑购买选项时会用到哪种线索；
- 建造强大的、鲜活的线索关联。

如果你的品牌关联不够强大，那么，顾客会检索其他的购买选项（通常为竞争品牌）。如果某个选项足够强大，那么对不起，它通常都是被购买的那个。如果能很容易想到一个足够好的选择，顾客几乎很少再花费精力寻找代替品。

现在来看一个例子。如果你感觉累了，你可能想喝点东西（线索）来打起精神，所以（软饮、百事可乐、星巴克）这些选项就会进入你的大脑。如果其中一个选项很容易实现（你知道附近就有台可乐售卖机），那么，花精力再找其他选项就没有必要了。

如果没有一个选项可行（比如售卖机只收硬币而你没有现金），那么，你就要挖掘你的记忆或咨询别人，寻找其他选择。但是在多数情况下，快速查找记忆已经可以提供足够的易买选项了。

一个很有技术性但非常重要的点是，（检索）方向同样有很大影响。即使品牌能够轻松从记忆里唤起某个东西，也不意味这个东西能同样唤起品牌。（Holden & Lutz, 1992）例如，你可能知道出生在摩洛哥的法裔兄弟创造了 Guess 这个服装品牌，但法国时尚这个线索却不太可能唤起 Guess 这个品牌。研究心智显著性时，我们更有兴趣知道，若品牌被检索，顾客所采用的线索是什么（当人们在想穿什么去工作的时候，他们会想到 Guess 吗?），而不是品牌作为线索时触发人们的想法（Guess 会让他们想到什么?）。

建立心智显著性

品牌的心智显著性是当顾客在选择某品类物品时，他的印象中能脱颖而出的那一个。（Romaniuk, 2013）一个品牌如果能被购买，必须是能被人第一个想起来的——这主要取决于品牌与相关记忆线索之间联系的广度与强度。（Romaniuk & Sharp, 2004）

记忆线索来自顾客在进行品类购买时存在的共性，比如，人都会过生日，都有想要犒劳自己的时候，都有浑身无力的时候，或遇到太热的天气不想动的时候——这些共性能够引导顾客购买选择的记忆线索机构，被称作有效的品类记忆切入点。将品牌与这些具有特定记忆结构联系起来，会增加品牌在购买时被优先想起的机会。我们接下来将会深入讨论这类品类记忆切入点。

什么是品类记忆切入点？

品类记忆切入点是顾客连接品牌的途径。品类记忆切入点越多，品牌的连接途径越多，品牌能够脱颖而出的机会就越多。这些品类记忆切入点像网点一样分布在脑海中。（Romaniuk，2003）建立品牌购买便利性时，你希望品牌出现在每个超市的货架上，每个药店里，每个零售商的网站和便利店中：品类记忆切入点是建立心智显著性的认知渠道。

品类记忆切入点是顾客在购买品牌之前对品类的最初想法或影响。品类记忆切入点可能是购买场景（商场里），可能是消费场景（生日聚会上），可能是使用环境（海滩上），或者和谁在一起（和孩子们），或者是需求（提神的东西），或者是这一品类可以提供的核心价值（罐装小吃）。

内部动机（比如：感觉饥饿）和外部环境（比如：与孩子分享）都充当着各自的角色。图4.1展示了能够产生品类记忆切入点的一系列问题。

为什么？
为满足饥饿感　为了感觉更好　为使肌肤更顺滑　帮助自己放松
什么时候？
吃晚饭时　吃早餐时　赶时间时　家庭庆祝时
在哪里？
海滩上　在度假　带朋友到家　在健身房
与谁？
和某个特别的人　和小孩　和朋友
有什么？
有酒　有开胃菜　一场电影　有点辣的东西

图4.1　品类记忆切入点生成框架

要争取优先连接品类记忆切入点

顾客往往是用品类记忆切入点来检索自己想要的品牌，能优先被联想到的品牌往往对顾客最有吸引力。聪明的营销者会让自己的广告与这些品类记忆切入点相互连接。麦当劳的早餐是一个很好的例子。如果没有广告的广泛宣传，你会在早餐时间自然想到麦当劳吗？答案是：有可能。早晨，当你经过一家麦当劳时，注意到它正在营业，散发出煎饼和咖啡的香味，如果你足够关注它，你可能会点麦当劳早餐（虽然你很可能不久后便忘记了）。然后，某天在上班的路上，没在家吃早餐时你可能会想：今天早上可以去麦当劳吃点东西。

对于数以百万计的麦当劳顾客来说，建立心理连接这个过程可能花了相当长的时间，可能比麦当劳理想所需的时间长得多，也需要更多经济投入，在品牌背景下，广告这个品类记忆切入点可以让人们更快地走进一家麦当劳①。

品类记忆切入点反映了顾客购买和使用品牌时的常见思考方式，但具体如何思考、如何筛选品牌，各个国家因为生活方式、文化、气候、财富、宗教信仰等不同而存在差异。不要以为品类记忆切入点放之四海而皆准，要根据特定市场环境因地制宜，根据时间的推移进行变化。虽然有些地方是相同的，但不要粉饰差异，差异能够给我们提供丰富的市场洞察。

你可以通过计算每个品类记忆切入点与品牌的联系频率，来确定品类记

---

① 麦当劳通过改变营业时间来改变顾客购买便利性。

忆切入点的相对重要性，从最高到最低进行排名①。品类记忆点被检索得越频繁，就会和更多品牌有更新的记忆联系。

通过查看不同国家的品类记忆切入点排序，可以看出来哪些品类记忆切入点其实是全世界共通的，这样就可以将其用在全球的营销活动中，也就避免了一些不必要的区域定制化信息。在特定的国家或地区，排名靠前的特定品类记忆切入点，可以用在本地的营销活动中。

嘘……一个有关大品牌的秘密

由品牌差异化和定位的炒作可以很容易地得出这样的结论：品牌要增长，必须要占据一两个品类记忆切入点。但这忽略了一个重要的事实：大品牌比小品牌有更广泛的品类记忆切入点，这也是品牌资产的重要组成部分。如果想建立一个大品牌，你需要将品牌与该品类很多不同的品类记忆切入点进行连接，而不仅仅是一两个。

让我们看看土耳其的软饮料市场。该类别中可口可乐占主导地位，但还包括 2003 年推出的本地品牌"可乐土耳其"。它的广告故意开土耳其民族主义的玩笑：美国演员切维·切斯在喝了可乐土耳其后变得越来越像土耳其人了。

我们确定了 8 种软饮料的品类记忆切入点：好天气、健康的元素、孩子们喜欢、犒劳自己的方式、一顿大餐等，基于 2014 年在线调查的软饮料消费数据，计算出有多少品类记忆切入点和这些品牌是有关联的（图 4.2）。

---

① 这种有关频率和关联的方法被建立在典型和文献分类中（Rosch & Mervis, 1975），以及人类记忆文学中。

将可口可乐与可乐土耳其（其市场份额是可口可乐的 1/8）进行比较，可以看到，可口可乐比可乐土耳其有更多的品类记忆切入点关联。事实上，67%的软饮料顾客没有将可乐土耳其与任何品类记忆切入点进行关联。因此，不论土耳其饮料顾客的背景情况如何，可口可乐比可乐土耳其有更大的机会被顾客想起。可乐土耳其要增长，必须拓宽品类顾客的品类记忆切入点网络，让更多顾客在更多的购买场景中建立心智显著性。

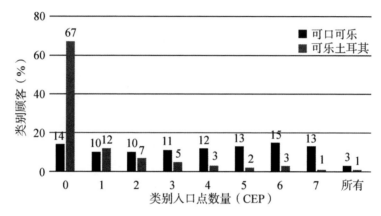

图 4.2　可口可乐和可乐土耳其在土耳其的品类记忆切入点数量（2014）

大品牌通过更多的品类记忆切入点促使更多的品类顾客拥有更新的记忆结构，这就是大品牌和小品牌之间的巨大差异。

没有单一的认知购物清单， 而是特定环境的引发组合

认知购物清单是指顾客主动积极考虑购买的品牌的集合。（Howard & Sheth，1969）传统观念认为，品牌一定要让自己进入顾客的认知购物清单，即便到现在，许多品牌在做调研时，都会问一个问题：下列哪个品牌您会考虑购买？

这种"一种认知购物清单适合所有购物场合"的想法已经过时，因为它压根没有考虑到底顾客如何留存记忆？如何处理和获取品牌记忆？顾客没有单一的认知购物清单，因为这是一个非常低效的记忆，在每个购物场合，人们会检索比实际需要更多的无关信息。

表4.4　土耳其的软饮市场中，不同类别顾客如何反映品类记忆切入点的案例（2014）

品类记忆切入点	男，18—24 岁，Bursa	男，25—34 岁，Istanbul	女，18—24 岁，其他	女，25—34 岁，Istanbul
天气好	可口可乐	Çamlıca	可口可乐	Akmina
	芬达	可口可乐		Çamlıca
	福卢克	百事可乐极度		可口可乐
	Uludaġ	Uludaġ		可乐土耳其
	Yedigün			Esfane
				芬达
				福卢克
				Frutti
提神	可口可乐	Çamlıca	可口可乐	4u Cola
	百事可乐	百事轻怡		Çamlıca
	百事轻柠	百事可乐极度		可口可乐
		Uludaġ		可乐土耳其
健康元素	芬达	百事可乐	Schweppes	Akmina
	Uludaġ	百事可乐极度		Çamlıca
				Esfane
				福卢克
孩子们喜欢	芬达	芬达	福卢克	可口可乐
	Uludaġ	可口可乐		福卢克
	Yedigün			

（续表）

品类记忆切入点	男，18—24 岁，Bursa	男，25—34 岁，Istanbul	女，18—24 岁，其他	女，25—34 岁，Istanbul
想犒劳自己	可口可乐	百事可乐	None	Akmina
	芬达			Çamlıca
	Yedigün			芬达
				福卢克

表 4.4 呈现了土耳其 4 款软饮顾客和品类记忆切入点的变化情况。品牌各不相同，品牌数量也不同，这些组合有本地品牌如 Uludağ 和 Yedigün，也有国际品牌如可口可乐、百事可乐和芬达。

这里要进行追忆，不仅仅是内部需求要素，外部客观因素同样会影响顾客的记忆。早上，咖啡品牌是个不错的选择，可以提神醒脑，而炎热的下午，可能冷饮是不错的选择。这些环境影响因素在很大程度上是无意识的，会促使顾客想起在当时环境中的更多品牌选择。

换句话说，没有单一的认知购物清单，许多特定环境都会引发不同组合，这意味着，直接去问顾客会考虑购买什么品牌这个问题是毫无意义的，答案永远是：不一定……

表 4.4 再次说明，大品牌的优势——可口可乐以 10/16 的概率出现（4 个顾客×4 品类记忆切入点），而小品牌可乐土耳其只有 2/16。大品牌会在更多购物场合被更多消费者想起。

每个品类都有一系列的品类认知切入点，每个品类中一系列的品类记忆切入点，也对应一系列品牌选择①，以单一的记忆线索或单一的记忆提示来

---

① 一个例外的情况可能是某品类的轻度顾客，他们通常只知道买该品类最大的品牌（在第二章中讨论过的自然垄断规律），这些顾客可能认为，一个品牌适合于任何品类记忆切入点场合。

调查品牌心智显著性，很容易对营销者产生误导。衡量一个品牌的心智显著性，你要通过多个品类记忆切入点才能完整反映你的品牌竞争力情况。

心智显著性的衡量指标

一个品牌能够关联到的品类记忆切入点比竞争对手越多，它的获胜机会就越大，这使得它在任何购物场合都能突显出来、能被顾客想起来。为了更直观地反映这一结论，Romaniuk（2013）画过一张图，这张图清晰地显示出市场上许多大品牌的品类切入点组合，并且观察它们的心智市场份额。这个研究方法，并非仅仅关注特定品类记忆点，而是关注整个品类记忆点网络中不同品牌的表现。

以下是评估品牌记忆结构强度的几个关键指标：

- 认知市场份额——品牌所拥有的品类记忆切入点占整个品类的记忆切入点的比例。它反映了品牌在整个品类认知当中的相对竞争优势。
- 认知渗透率——将品牌与至少一个品类记忆切入点建立联系的顾客占该品类顾客的比例。这其实衡量的也是品牌知名度，它计算了通过多种途径检索到品牌的可能性。品牌的认知渗透率越高，品牌在品类顾客的心智显著度越高。
- 认知网络规模——品牌能够关联的品类记忆切入点数量：认知网络规模越广，品牌能被检索到的记忆切入点也就越多。这个指标可以用来评估品牌广告是否维持或建立品类记忆切入点网络。

以上这些衡量指标，往往能在特定时间点与销售市场份额相对应。认知市场份额与销售市场份额的差距，可以表明品牌存在的渠道分销问题以及营销问题（比如，价格是不是太高了？或者营销内容是不是太狭窄了？）①。

重要的是，这些指标可以追踪营销活动在建立长期记忆结构中的成效，尤其是在品牌的轻度顾客和新顾客当中的成效（也是销量增长的来源）。例如，营销活动是否有助于扩大认知网络规模，有助于连接一个新的品类记忆切入点？媒体投放是否有助于建立更广泛的认知渗透？正确合理的品牌营销考核指标，应该同时考察这两项指标。

表4.5是印度手机行业的各项指标示例，我们确定品类记忆切入点覆盖了手机的绝大部分领域，包括价格、尺寸、耐用性和售后服务，比如使用起来方便、电池续航时间长、令人赞不绝口的设计、方便网上购物、方便使用社交媒体。

这个指标再次显示了顾客如何因为更多的品类记忆切入点而想起更多的品牌。例如：三星被90%的类别顾客访问，占10.8/16个品类记忆切入点。相比之下，HTC被53%的类别顾客访问，有6.8个品类记忆切入点。也有例外，比如Micromax的认知渗透率较高但认知网络规模较小。这表明，品牌花了太多时间在单一的信息上，品牌真正需要的是拓宽品类记忆切入点范围，使之能够在更多的手机购买场景中带来新鲜感。

如图4.3呈现的是印度市场品牌的认知市场份额和销售市场份额之间的情况（数据来自印度信托出版社，2013）。我们可以看到，这3列的品牌顺序几乎相同。值得注意的是，苹果手机的认知市场份额高于其市场销售份额。这种不一致的原因有可能是苹果手机较高的价格给顾客设置了购买门

---

① Romaniuk（2013）表明了NBD-Dirichlet模型是如何在销售数据或品类中确定偏差的，比如重复购买的数据是不容易获得的。

槛。相反，两个本地较实惠的品牌熔岩和卡波恩，其认知市场份额低于市场销售份额。这些品牌的心智显著性可能不大，却因为价格更低受到了顾客青睐。

表4.5　印度的手机心智显著性指标（2014）

品牌	认知市场份额（%）	认知渗透率（%）	认知网络规模（平均值）
三星	21	90	10.8
诺基亚	17	85	9.3
苹果	15	80	8.3
锰矿粉	9	69	5.8
高温气冷	8	53	6.8
黑莓	7	60	5.6
LG	5	48	4.5
摩托罗拉	4	44	4.1
卡尔邦	4	54	3.1
熔岩	3	45	2.7
Xolo	2	33	3.4
创视通	2	38	2.2
华为	2	32	2.4
赛尔康	2	37	2.1

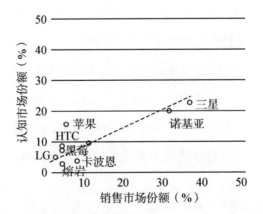

图4.3　印度手机认知市场份额和销售市场份额的比较

持续不断地翻新品牌记忆

　　品牌在心智显著性上的竞争，其实就是一场关于不断刷新顾客记忆的战争。随着时间的推移，顾客对品牌的印象会逐渐消退，当然，竞争品牌也会极力让顾客更难想起你的品牌。第三章曾经提到，你的顾客也会购买竞品，也会看到竞品的广告。所以，持续不断地营销曝光、触达顾客至关重要。

　　如果营销活动中很容易让顾客能注意到品牌，或者传递的品牌信息相关性强，那么，它就有助于维持和增加品牌的心智显著性。即使是大品牌，许多顾客对品牌的印象也很有限，也没有太多品牌关联记忆。例如，如果看可口可乐与 Jarritos（一种混合可乐与水果的软饮）在墨西哥的品类记忆切入点分布情况，我们会发现，70% 的 Jarritos 顾客有 5 个甚至更少的切入点连接，然而，只有35% 的可口可乐顾客却有 5 个或 5 个以上的切入点连接。（图4.4）大部分顾客拥有的品类记忆切入点少之又少，所以维护现有的少量切入点只能保证品牌不衰退。如果想要增长，品牌必须不断构建新的切入点，刷新品牌与顾客的心智联系。

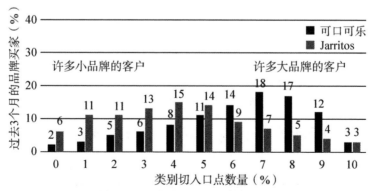

图 4.4　可口可乐与 Jarritos 在墨西哥的品类记忆切入点分布（2014）

品牌认知定位取决于品牌营销信息

是时候重新解读"定位"了。

教科书说，强大的品牌往往具有有效而准确的品牌定位。但我们的调查却表明，这句话被误解了。强大的品牌并不依赖于单一的品牌定位，而是取决于品牌在整个品类当中的心智显著性程度。

品牌定位其实毫无神秘感，营销活动，尤其是大范围传播的广告，直接促进了品牌定位①。品牌定位是为了更有效地传达信息，把信息深深地植入顾客（特别是轻度顾客和新顾客）脑海，以此形成品牌关联。

当你的广告成功地刷新品牌记忆，在顾客头脑中建立记忆关联时，你的品牌认知显著性也会大大提升。但竞争对手的干预和记忆的自然消减意味着这个认知显著性的提高只是暂时的。如果这种记忆关联中断（例如更改广告信息或者创意质量下降），顾客的认知水平也会降到正常水平。（Romaniuk & Nicholls，2006；Romaniuk & Sharp，2000）

检验营销活动有效性的最佳方法，就是研究品牌是否因为某一因素表现突出而广为人知。当然，影响品牌成功的因素也会随着广告信息的改变而发生变化。

同时，要区分清楚每一次具体的营销执行目标与整个营销战役的目标，不然在单次营销执行中传递太多信息会引起顾客困惑。每一次的具体执行，应该只传递清晰明显的单一信息。然而，想要构建和提升品牌的心智显著

---

① 除非你宣传的是即使新顾客也能根据名字（例如苏格兰皇家银行和"苏格兰人"）直接推断出的基本功能与品质。

性，必须要在多次执行中传递不同的信息，以构建更广泛的品类记忆切入点。

我们在决定营销沟通策略时，要思考以下问题：

- 哪一个品类记忆切入点将在这次沟通中被提及？即使面对最轻度的顾客，这个品类记忆切入点是否足够有效？①

- 这一品类记忆切入点是否适用于大多数人？所选的品类记忆切入点适用性越强，广告的效果越好。相反，品类记忆切入点越模糊，广告的影响越差。

- 上一次你以此品类记忆切入点宣传是什么时候？如果最近已经使用过，看看是否忽略了其他品类记忆切入点，因为刷新这些记忆对品牌的益处会更大。

使用这些品牌认知定位的衡量方法，可以检验品牌营销活动是否成功连接了某一个品类记忆切入点，但不要觊觎这种连接能永远维持。如果你的营销广告有效果，那么它在宣传什么内容，顾客就会记住什么信息。衡量广告是否有效果，可以看一下你的品牌认知定位是否有变化。

关于原产地的营销

有关原产地重要性的讨论一直在持续。原产地对品牌究竟是有益（如德国汽车）还是有害（如危地马拉气泡酒）呢？有证据表明，原产地的影响

---

① 这些问题要应用于所有的营销活动，不只是广告。

只维持在较小范围。对某些国家、某些品类的某些品牌来讲，原产地带来的影响（正面或负面）确实存在。这些影响通常反映了文化上的刻板印象，这与通常意义上的原产地已经有很大不同。原来我们只用它来描述农作物的产地或处理地，例如帕玛尔火腿或者希腊菲达干酪。如今，发源地可以是一项很重要的品牌记忆，但需要提前教育顾客发源地与产品的关系，但大多数品类顾客对此并不感兴趣。

原产地不一定是真的，它可能只是作为某种符号存在于品牌名称、包装、特征和标签中。瑰珀翠（Crabtree & Evelyn）是不是一看名字就觉得非常英式？这家公司实际上是 1972 年建于美国、1996 年被卖给了马来西亚的一家公司，又于 2012 年被转手给香港的投资公司。顾客被市场影响，他们内心的原产地与品牌之间的关联被不断强化。例如，智利葡萄酒在 20 年前毫无知名度，甚至被认为质量恶劣。然而 10 年后，智利葡萄酒可以堂而皇之地出现在酒店的菜单中，并价格不菲。和其他的观念一样，顾客对于原产地的印象也会随着曝光与体验而改变。

如果你所处的品类可以唤醒顾客对原产地的记忆，下面这些问题就要仔细考虑：

- 原产地是否可以组成品类记忆切入点，让顾客联想到品牌？例如，当朋友在做西班牙烩饭时，顾客很有可能想喝一点西班牙葡萄酒。这样，那些强调自己原产自西班牙的葡萄酒品牌就会在顾客的脑海中脱颖而出。在这个例子里，原产地是品牌记忆中非常重要的部分，并留下了印象深刻的品牌主张（同时吃了更多的西班牙烩饭！）。
- 原产地会不会让顾客拒绝这个品牌？如果是这样的话，要尽量淡化原产地的概念。

由于全球化的不断发展，不同国家在不同领域展现着自己的实力。（例如韩国的电子产品、中国的手机）全球化制造意味着原产地很难被查明。（大部分人相信苹果产品来自美国，但大多数苹果都是中国制造的）整个宏观经济和生产方式的变化意味着原产地将不再是大多数品牌的主要考虑对象。

简单来说，如果原产地对构建心智显著性有利，就尽量利用它；如果原产地对品牌会产生反作用，就尽量弱化它的影响。

爱恨之间

过去几十年，"品牌情感链接"这个概念被包装成了许多其他名称。最近的叫作"品牌忠爱度"（Brand Love）。不要被它的新标签迷惑了，无论是"品牌态度""品牌关系""品牌参与度"还是"品牌忠爱度"，这些都是同一个意思。

人们会对品牌产生感情，通常情况这种感情并不会很强烈（感觉还可以），这种情感可以反映在顾客的购买行为中（我喜欢我买的东西），但并不能预测顾客的行为。我们应该谨慎地评估情感因素对购买行为的影响，因为不管是新兴市场还是高频次品类，都没有很多证据表明顾客会对品牌倾注过高的热情。

以下两种常见的错误认知会将情感因素的重要性夸大。

错误 1：假设没有购买行为就等于不喜欢该品牌

这个错误认知是指，假设大多数的非品牌顾客是因为不喜欢这个品牌排斥这个品牌而不愿意购买。埃伦伯格-巴斯营销研究院在对超过 500 个品牌、24 个品类、23 个国家的调查研究后发现，即使在新兴市场，明显的品牌排斥案例也是少之又少。（图 4.5）对于绝大多数品牌来说，构建品牌的心智显著性远远比解决品牌排斥问题重要得多。

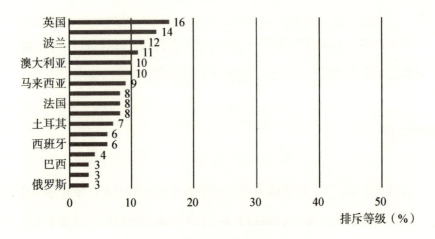

图 4.5　不同市场的品牌排斥等级

数据来源：Romaniuk，Nenycz-Thiel & Truong，2011

错误 2：假设每个人都对品牌有明确的态度

营销者往往很容易夸大品牌态度的作用，会强迫顾客在有限的选择中表明对品牌的感受。例如，某些问题的刻度中并没有"我不知道"和"无意见"这两个选项，这样一些从未购买过的顾客经常会选择中间值（4/7 或者 3/5）——类似这样本来无意义的答案，反而在调查中起了很大作用。针对绝大多数顾客都无明确态度的小品牌来说，调查出的品牌态度往往比真实情况夸大了许多。（Romaniuk，2008）

在调查问卷中应该增加一个叫作"无意见"的选项，这样才会让调研结果更加接近实际情况，更能反映出品牌态度是否真实存在。对品牌态度无意义的回答包括"我不知道""我没想过这个问题""我不在乎"等。

你确定需要品牌忠爱吗？

有一种极端的品牌情感已经引起了营销人员的关注，就是我们之前提过的特别忠爱某个品牌，或者成为挚爱品牌。（Kevin Roberts 在 2004 年说，这是最强烈的情感）据说提升品牌忠爱度会让品牌增长，但并没有足够证据支持这一结论。一些关于顾客态度和情感的其他研究，比如《挚爱品牌》（*Lovemarks*）（Roberts，2004）中的研究，或观察社交媒体粉丝与品牌互动，都表明这些极端情感其实在现实中并不常见，它对品牌市场份额的影响微乎其微。

相比小品牌，顾客对大品牌的态度更加积极，但几乎没有证据表明，大品牌的情感优势对其品牌增长有所帮助。关于品牌态度的普遍情况是：很少有人明确喜爱或讨厌一个品牌，大部分人只是觉得这个品牌能满足需求，值得购买。

《非传统营销》讨论了过度关注品牌情感的不理智行为，我们也不会给予这种分散精力的营销行为更多的关注。我们只能说，这些情感对于新兴品类、高频次品类以及低频率品类都同样无用。尽管这些品类的顾客通常缺乏经验，但这并不会让他们成为品牌的狂热粉丝。

总结

当顾客产生购买意愿时，品牌在顾客脑中的显著性程度对顾客的购买选择起到了非常大的作用。我们在本章重点介绍了品类记忆切入点，它们潜移默化地引导顾客的思维方式，营销人必须深入理解它。品类记忆切入点提升了品牌的心智显著性。品类记忆切入点涉及的范围越广，与品牌的关联越及时，品牌在众多的购买情景中越容易脱颖而出。对于建立品牌来说，顾客对于品牌的记忆正是根据这些基础的品类记忆切入点来构建的。

不幸的是，大多数的品牌调研不会涉及品类记忆切入点，这本身就相当于放弃了品牌增长的机会。理解和监测品牌在不同品类记忆切入点下的表现，能让我们更好地了解品牌的心智显著性程度和认知定位情况。

因为品类记忆切入点是关于顾客的具体记忆内容，而不是整体的记忆体系，所以要针对每一个市场来定制品类记忆切入点的优先等级。根据这个优先顺序，你就可以把握机会，在全球市场以及本土市场分别传递精心安排的品牌信息。

传统的认知购物清单与定位理论与最新关于顾客记忆与行为的研究并不是毫无关联的。差别在于，过去只研究一组通用的认知购物清单，现在研究涉及不同特定购买环境下的记忆唤醒；过去倾向于研究品牌精确而有效的定位，现在认为定位现象只是顾客对广告的暂时性反应。

第五章
打造品牌的独特性资产

珍妮·罗曼纽克

品牌独特性资产是品牌名称之外的元素，比如色彩、标识、文字、字体等，是能帮助顾客记忆和辨识品牌的元素。本章将告诉你如何明智地选择自己的品牌独特性资产，如何在广告和包装上运用好它们，从而建立品牌的心智显著性和购买便利性。

同时，我们会探讨品牌上新策略以及独特性资产对于品牌定位的重要性。

认识我们的"猫头鹰"

这一章主要讲识别、选择和建设品牌独特性资产，以及避免掉入常见的陷阱——这对大型企业和知名品牌来说格外重要。

在开始讨论前，先介绍埃伦伯格-巴斯营销研究院的"猫头鹰"①。我们的赞助商也可能从公司报告和往来电子邮件中认出它。它为"埃伦伯格-巴斯营销研究院"这一品牌带来了视觉冲击力，这个图案就像个标志，在不同的环境里提醒你有这个品牌，比如在一页纸中间，"埃伦伯格-巴斯营销研究院"的图案会使它在一堆文字中非常醒目！这一章我们会讲到它和其他品牌资产是如何为品牌带来类似的效果的。

品牌（名字）代表了什么？

每个品牌都有自己的名字，从而将自己与其他品牌予以区分。名字将品牌固定在顾客的记忆里，并且吸引大脑去填充整个品牌的形象，比如这个品牌是什么，它能做什么。

除了品牌名称，其他的记忆结构会在顾客的脑海中形成，就像这些品牌的独特性资产：颜色、标志、声音、字符、口号等能够触动顾客的元素。这些独特性资产往往以非文字的形式出现，这种形式有利于吸引大脑对品牌信息加以注意并予以思考。

品牌以名字（文字）的形式出现，并进入我们的语言记忆区域（在第四章提过），而这只是我们复杂记忆中的一小部分。外表、形状、颜色和声音都会激活不同的神经系统。品牌以不同的形式呈现激发起人类大脑中应对不同类型刺激的优势。不同形式的品牌界定方式，提升了品牌在各种环境中的存在感。

---

① 欢迎向我们建议新的名字！

品牌独特性资产的类型

品牌独特性资产不太容易被理解和掌握的原因在于类型太多。（图5.1）经过较长时间对不同品类、国家的独特性资产的调研，我们发现，任何一个类型都可以是一个鲜明的品牌独特性资产，你只需要聪明地做出选择，并且贯彻执行好即可。本章将提供指导来帮助你进行操作。

图5.1 独特性资产的类型

独特性不是差异性

在我们深入探讨独特性资产这一话题前，有必要重申《非传统营销》中有关独特性和差异性之间关系的论述。

差异性，是指品牌必须要找到一个能够引导顾客购买自己品牌的有意义的要素。这个理论，其实源于古典经济学。比如，当你的车是四驱的而其他车却没有时，有些顾客会看中四驱车，然后会购买你的品牌，因为你有其他品牌没有的东西。

独特性，则指的是能够帮助顾客辨识出品牌的要素，包括任何能让顾客辨识出品牌的感官元素，像视觉、听觉、嗅觉和触觉。独特性不是为什么而买，而是你如何知道这个品牌，或者如何找到这个品牌。例如，你买红牛，不是因为你特别想喝一款包装上有蓝色和银色图案的饮料，但红牛上的蓝色和银色图案让你知道你买的是红牛，而不是魔爪能量饮料。

以上两个概念其实相互独立——它们既没有从属关系也没有替代关系，将其混为一谈是很草率的做法。

品牌独特性资产操作第一步： 明智选择

实用性

我们在选择很多类型的独特性资产时，首先要考虑实用性：你的媒介组合可能是什么？媒介组合将决定视频、音频、静态图片和文案资产的价值。一个明显的例子就是，如果收音机是一个关键媒介的话，音频资产就是非常有用的。

品牌的历史

品牌当中的哪一部分可以被翻新激活？历史悠久的品牌通常有很多不同的品牌管理者，他们都热衷于在品牌上留下自己的印记。回顾以往创意广告和包装的迭代历史，可以帮助我们发现那些已经被顾客了解的品牌独特性资产，这部分是有可能被激活的。毕竟，重新唤醒顾客已有的记忆比创造一个新记忆容易得多，所以，借助品牌历史可以迅速重新塑造品牌标志/形象。

是否某一种类型的资产在塑造品牌标志/形象中所占的分量过重？你一直投资的是哪一种资产？如果你一直同时运用两三个标语，那么，需要回顾一下你的品牌历史，这有助于你更明智地选择独特性资产，从而把精力集中在其中一个标语上，并将其打造成一个强大的品牌独特性资产。

用数据助力你的选择

接下来，你需要找到一些能够衡量品牌独特性资产水平的方法，从而指导自己如何充分发挥其作用。埃伦伯格-巴斯营销研究院发明了一种方法（Romaniuk & Nenycz-Thiel, 2014），用如下两项指标来量化独特性资产的强度和潜力。

- 名气——衡量的是有多少顾客认识这个资产，并且能联想到品牌的名字；
- 独特性——衡量的是有多少顾客从这个资产联想到你的品牌而非竞品。

这两个指标能够反映顾客因为某个独特性资产而联想到品牌名称的可能性。这些指标会帮助你评判品牌独特性资产的优先级，并为你开展各项品牌独特性资产的营销活动提供一个参考标准。

名气较低，意味着这个资产本身还没有名气和价值，特别是当品牌已经占有较大市场份额时，你的资产还不为广大顾客所知的情况。但是，如果它能给顾客的认知带来一些其他资产无法替代的冲击力时，那么，还是可以将其当成一个备选。

如果顾客认知当中，竞品也和你的某个品牌资产相关，说明这个资产的独特性不高，你就应该关注它。独特性这个指标不取决于品牌规模，也就是说，小品牌也能像大品牌那样获得高分。较低的独特性表明，在这些资产上进行投资将会难以获利，并伴有将流量导向其他品牌的高风险。试图收复这块失地将极具风险，而且你得投入的非常多，必须不停地直接提及品牌名称，从而减少竞品对你的品牌的冲击。

我们在如下四个象限当中来呈现一个品牌独特性资产矩阵。（图 5.2）中间的 50% 代表了独特性资产的名气与独特性的转折点。如果某项资产有 50% 甚至更大的名气，那么，顾客往往更有可能联想到该品牌；如果这项资产有 50% 甚至更大的独特性，那么，说明这个品牌在这个资产联想上基本处于主导地位。最理想的状态当然是 100% 的名气和 100% 的独特性。不要被行业正常水平或平均值干扰，任何独特性资产的目标应该是 100% 的独特性和 100% 的知名度。

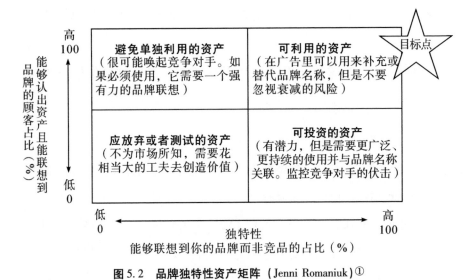

图 5.2 品牌独特性资产矩阵（Jenni Romaniuk）①

如果营销者想开发一个独特性资产，这个矩阵揭示了不同品牌资产的相

---

① 如果你想要使用这个网格，可以联系我，我会给你寄一个彩色的。

对战略潜力和挑战。

- 可利用（超过的 50% 知名度和独特性）——这个象限内的资产，被称为可利用的资产，这些资产是最佳选择。一定要注意，独特性资产的使用原则是用进废退，如果不持续宣传巩固顾客记忆，这些资产可能会流失，所以还要时常搞一些新花样去翻新顾客记忆。

- 可投资（超过 50% 的独特性但小于 50% 的知名度）——这是一个有趣的象限，它反映了资产的潜力，是独一无二但却不广为人知的资产。这就需要品牌加倍努力扩大宣传，使品牌与资产关联更为紧密，可以将这部分潜力股用起来。

- 避免单独利用（超过 50% 的知名度但少于 50% 的独特性）——这是个微妙的象限，因为这些资产是有知名度的，但却与很多品牌都有关联。这是（或正在成为）典型的通用类资产，通常是由于新进入者模仿了既定品牌的线索。品牌确实很难放弃这种知名度高的资产，但是使用它的风险很大，很可能为他人作嫁衣裳。

- 放弃或测试（小于 50% 的知名度和独特性）——这些资产没有太大价值，可能是因为它们是新的资产，或者是不够突出，或者是对竞争对手更有利。这就需要你好好研究一下过往到底是怎么用这些资产的，以及竞争对手的情况，才能知道真实原因。

独特性指标在实际中的应用

为了说明品牌资产的潜力价值，并了解其在不同国家之间的差异，我们选择了一些著名品牌的品牌资产，在 4 个国家（美国、中国、巴西和南非）

进行了测试。

被测试的品牌及其对应的资产如下：

- 汽车品牌标志，如宝马、大众、现代、雪佛兰；

- 谷歌和 IBM 的字体；

- 运动服饰品牌标志，如耐克、彪马、阿迪达斯；

- 软饮料品牌的图像及标志，如可口可乐、百事可乐、红牛；

- 快餐品牌的标志，如肯德基、达美乐；

- 麦当劳品牌的罗纳德·麦当劳（麦当劳叔叔）形象；

- 全球性救援组织的品牌标志，如红十字会、联合国儿童基金会。

在每个国家，我们把每种品牌资产从独特性和名气两方面进行了量化，以了解不同资产间以及在不同国家间的差异。以下是主要研究成果。（线上测试，每个国家的测试样品量为 300，2015 年 3 月）

- 在快餐品牌中，达美乐和汉堡王的标志在美国都属于可利用的资产，但在另外 3 个国家则仅仅是可投资的资产。在中国，这两个品牌标志的名气非常低。与之形成鲜明对比的是，麦当劳叔叔的形象是一个非常强势的品牌资产，在 3 个国家都属于可利用的资产，在中国则处于可利用的资产与可投资的资产中间。肯德基的品牌标志在三个国家都属于极好的可利用的资产，但在巴西却跌落到可投资的资产的象限。

- 4 个汽车品牌（宝马、大众、现代、雪佛兰）的标志在所有国家都属于可使用的资产。现代汽车在新兴市场的表现优于其在美国的得分，这与品牌的营销投入力度一致。

- 在所有科技品牌中，苹果品牌的表现最为抢眼。在所有国家，苹果的品牌名气达到 90% 以上，独特性则达到了 99%。谷歌的字体在三个国家都属于可使用的资产，在中国则落在了可投资的资产的象限。在所有国家，IBM 的字体都处于可投资的资产的象限，而 HTC 的品牌标志则处于应忽视的象限。

- 在运动服饰品牌中，耐克的"钩子"不出意料地在所有国家被选为强势品牌资产，但它面临着激烈的竞争。阿迪达斯和彪马的品牌标志在 4 个国家也都进入了可利用的资产的象限，只是比耐克的得分稍低一点。亚瑟士和锐步的品牌标志在各国得分不一，大多处于可投资的资产的象限。

- 在软饮料品牌的混战中，百事可乐和红牛的品牌标志在四个国家都处于可利用的资产的象限。在中国，红牛品牌略胜一筹，在其他国家，百事可乐则一枝独秀。可口可乐的红白飘带标志在 3 个国家都处于可利用的资产的象限，但在中国仅落在可投资的资产的象限。这可能是因为可口可乐近期推出了零度可乐（黑色包装）和健怡可口可乐（绿色包装），不再强调原本的红色包装。

- 最后，两个非盈利组织品牌——红十字会和联合国儿童基金会的得分截然不同。红十字会的标志在所有国家都属于可利用的资产的象限。而联合国儿童基金会的标志仅在 3 个国家进入可投资的资产的象限。主要因为，联合国儿童基金会标志上的母亲和孩子的形象与其他母婴相关慈善机构的标志相似，容易造成混淆。

图 5.3、图 5.4、图 5.5 和图 5.6 分别展示了各个品牌在不同国家的得分分布情况。由于图表比较拥挤，某些图表上仅显示了部分参与测试的品牌资产的得分情况。

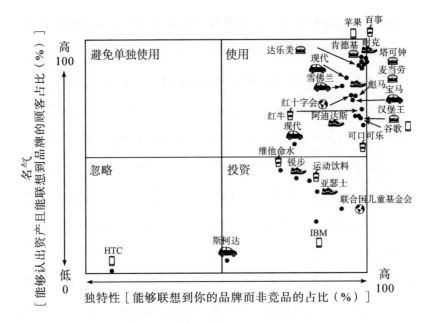

图 5.3　美国市场上的品牌独特性资产矩阵（2015）

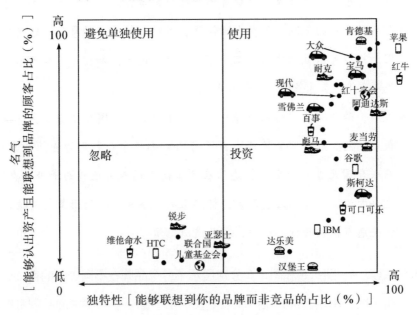

图 5.4　中国市场上的品牌独特性资产矩阵（2015）

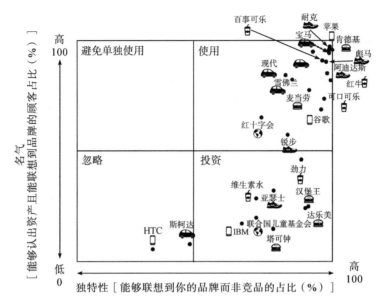

图 5.5　南非市场上的品牌独特性资产矩阵（2015）

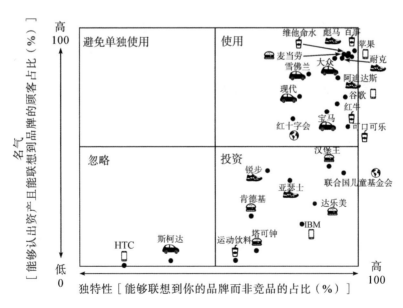

图 5.6　巴西市场上的品牌独特性资产矩阵（2015）

品牌独特性资产操作第二步： 靠谱执行

一个普遍的问题是：要把独特的品牌资产打造成可使用的资产需要多长时间？答案取决于以下三步执行得有多好：

第一步：触达本品类的所有顾客。顾客只有看到了独特性品牌资产才能够构建品牌记忆联想。如果你的广告能触达 50% 的品类顾客，那么，这 50% 的人就有可能将品牌和资产关联起来。简单来说，触达 50% 的顾客相比触达 30% 的顾客而言，独特性品牌资产建立起来更迅速，但比不上触达 80% 的顾客的情况。

第二步：强化品牌与资产的关联。为了强化品牌名称和品牌资产之间的关联，营销者应该在所有品牌营销的关键时刻同时展示品牌名称和品牌资产。这种同时呈现越显著，就能越快在顾客当中建立起独特性品牌资产。

第三步：一致性。每一次品牌呈现，都是一个给品牌加分或者丢分的机会。将品牌嵌入顾客心智的机会是狭小而短暂的。保持始终一致的传播，能让每一次品牌呈现都在顾客心中留下印象。

不一致的品牌营销，不仅仅浪费了一个在顾客心中强化独特性品牌资产的机会，并且会对以后联想的建立产生干扰，导致品牌形象的倒退。营销者在为品牌的不同系列做不同的品牌资产时，很容易犯这样的错误。

小测试

一个很有用的练习，是找出品牌制作的、顾客能看到的所有材料，把它们全部摊开来看。不要只选广告平面，把网页、网店中的所有品牌系列都拿出来。是的，所有顾客可能看到的材料都找出来。

现在瞄一眼桌面，你看到了什么？是一片红色海洋？还是其他颜色？是否有一个人物形象出现在大多数材料里，或者某种表达方式？

所有的材料看上去都像出自同一个家族吗？还是有些看上去很奇怪，似乎不属于这里？

这是检查执行质量和消除不一致性的第一步。

为品牌系列和产品线延伸选择恰当的策略

品牌每上市一个新系列或是一个新产品线，都会为它们做全新设计。设计的主要目的是将新品与母品牌区分开，以便让顾客轻易地分辨它们。但这种设计方式可能忽视了产品在销售渠道中面临的巨大挑战：无论是母品牌还是系列，它们都需要竭尽全力地从嘈杂的购物环境中脱颖而出。当品牌系列被陈列在母品牌旁边时，截然不同的包装设计的确会使新品尤其明显，但弊端在于：

- 当它们被同时陈列在货架上时，品牌无法借助统一的形象在购物环境中脱颖而出；
- 这种设计方式造成了顾客对于母品牌资产的认知混乱，由此弱化了母品牌的品牌可识别性。

做新品上市或扩大产品线时，应该先考虑母品牌，再考虑品牌系列。品牌系列来了又走，但是母品牌永远是最重要的。新的产品线要与母品牌保持一致，特别是在新兴市场，有很多小微商户，他们不太可能售卖任何一个品牌的全产品线。因此，无论他们售卖的是哪个单品，品牌组合都应该易于识别。

做品牌系列的设计可以分两步走。不管是要设计包装、网站、网络素材或是平面广告，都有两个关键步骤：

- 首先，设计要囊括所有相关的独特性资产。这些元素将构筑起母品牌与品牌系列之间的联系，并帮助持续强化母品牌的独特性资产。
- 其次，加入系列自己的资产元素，可能是在母品牌资产元素中加入小变化，比如把阴影变成其他颜色，或是加入某种花纹。举例来说，如果母品牌的品牌资产元素是深蓝色，那么，可以把单品包装设计成深蓝色和其他颜色的条纹相间。这样既可以保持主要颜色的一致性，同时有单品自身的视觉特色。如果母品牌的独特性资产是一个人物形象，则可以创造出一个它的"家人"，既能代表单品，又保持了与母品牌的联系。

这样的两步法，既能避免稀释母品牌的独特性资产，又可以帮助品类顾客找到新系列。

不要迷失在所谓的寓意中

营销界和广告界从来不缺少杰出的讲故事者，但他们很容易迷失在方法论和浪漫情怀里。而顾客对这些内涵丰富的寓言知之甚少（或是根本不关心）。比如，当你看到尊尼获加（Johnnie Walker）那个正在迈步的人物，你发现了吗？他已经从以前的向左走变成向右走，以显示他正大步向前努力实现自己的人生目标。（Epstein，2014）

当我们选择品牌的独特性资产时，一个经常会犯的错误是试图用品牌使命、价值观、存在目的或存在价值来替代。这样的短期策略会影响品牌的长期发展。想想现今的大品牌，它们是如何发展、形成产品组合的：苹果公司曾经是一家电脑公司，星巴克曾经只卖咖啡，麦当劳曾经只谈论汉堡包，而亚马逊曾经只卖书。拥有一个与当下公司产品或公司形象紧密联系的独特性资产，意味着品牌将来可能会修改或者抛弃这一品牌资产，让过往建立这一独特性品牌资产的行为变得没有意义。

在品类中，品牌名称应该是所有独特性资产中最强的。需要注意，品牌名称包含的其他含义是否会干扰名称与品牌的主要联想，其中的主要连接包括当前定位的策略。

品牌标志 VS 品牌定位：水油不溶

很多人可能会想到通过深挖品牌定位来提炼品牌独特性资产，这个想法确实诱人——为了达成一石二鸟的目的，广告人总会试图把品牌标志与品牌定位信息混在一起，在广告中同时出现品牌定位和品牌名称——其实，这种行为是短视的。

第四章里我们提到，与其说定位是一种策略，不如说它是一种结果。当你的广告信息足够有效时，结果自然会出现。为了构建心智显著性，你需要构建更为广泛且不断翻新的品类记忆切入点。如果你的独特性资产仅与当下的营销内容或品类记忆切入点紧密相关，那么，下次当品牌沟通信息转到强调另一个品类记忆切入点时，你的独特性资产还能一样适用吗？还是你将不得不抛弃这个独特性资产？

最明智的长期策略是，构建出并不依附于当下广告信息和定位的品牌识别元素，将会使你可以自由地在各种不同活动中传递不同的品牌信息，同时，保持品牌可识别资产的一致性，且不断强化记忆中识别资产与品牌之间的关联。记住，独特性资产的使用原则是用进废退——即使是最强势的独特性资产，如果弃之不用，也会被顾客渐渐遗忘。

营销内容是短期的，而构建品牌标志是长期的。如果把这两者混淆，会让两个目的都难以达成。

独特性资产和心智显著性

心智显著性代表的是品牌能够在购物场景中脱颖而出的可能性。品牌需要持续不断地建构和刷新自己与品类记忆切入点的联想，以建立心智显著性。当顾客同时看到品类记忆切入点和品牌时，他们就会将品牌和品类记忆切入点联系起来。这就像一个等式，独特性资产会帮助品牌在等式的一边建立心智显著性，在另一边建立品牌相关信息。请记住，越容易联想到品牌，顾客就越能关注到你的品牌信息。

品牌利用不同的媒介渠道进入顾客的生活，并且不断地更新顾客的品牌记忆结构。（假如你的品牌在营销广告中很容易被注意到的话）独特性资产有助于提升品牌的被关注度，具体体现在以下几个方面：

- 它有助于在广告中传递更多的品牌信息。

  独特性资产为品牌提供了更多的曝光机会和被关注的机会。广告人（经常错误地）担心广告中出现太多品牌名称会使顾客感到厌烦，因此总是尽量降低品牌名称在广告中出现的次数，而耗费更多的时间和精力在创意和内容上。（Romaniuk，2009）借用品牌独特性资产，则可以在增强品牌曝光的同时，减轻广告人对过多出现品牌名称的担忧。（Hartnett，2011）

- 它有助于拓宽品牌曝光的顾客范围。

  文化程度不高的顾客可以通过形状、颜色或字符来识别品牌，这可以让品牌触达更多顾客，这在教育水平不均的新兴市场特别重要，那里有传统小企业主及小微零售店主。即使在发达市场，也有文化程度不均衡的问题。在美国，14% 的人不能进行阅读，还有 21% 的人阅读水平低于小学五年级的学生。（Huffington Post，2013）

- 它能够提供代表品牌的非文字元素。

  许多国家的书面语言均不同，比如中国、泰国、希腊和俄罗斯，因而就会使用不同文字的广告脚本。独特性资产可以通过非文字的形式代表品牌，如 LOGO 或字符，可以在不同类型的语言中创造统一的品牌元素，这对于跨国营销活动非常有用。

- 它有助于提高品牌执行的质量。

  品牌营销活动，其实不仅要关注品牌曝光的数量，还要关注质量。（Romaniuk，2009）营销活动直接带有品牌名称时往往会遇到阻力，这时候采用独特性资产可以更智能地为执行策略铺平道路，从而提高品牌曝光的质量。例如，早期通过电视广告实现品牌曝光，是已经被证实行之有效的品牌营销策略。但广告人经常担心，一旦顾客看到品牌名称，就会立刻关掉电视机并错过剩下的广告内容，那么，这时建立独特性资产，就可以帮助克服这个问题。①

- 它有助于品牌激活更多的脑神经。

在营销执行中，独特性资产可以让品牌激活顾客更多的脑神经，引起更深度的记忆。独特性资产可以通过更加吸引人的创意执行，帮助品牌在激烈的竞争中获得更多顾客的关注。

- 它有助于串联不同平台的营销活动。

今天的媒体环境需要灵活的媒介选择。为了接触更多的潜在顾客，营销活动可能同时需要用复杂的数字营销科技去吸引年轻顾客，用传统电台去吸引上下班往返的人，用街道海报去吸引去超市买东西的家庭主妇。在跨平台的营销活动中，独特性资产可以连接不同媒体平台的品牌活动，并提供关键的枢纽，在不同的创意形式上有所变动，从而最大化地发挥不同媒体的优势。

- 它有助于串联过去和现在的营销活动。

每次开展一轮新的营销活动，顾客的大部分注意力都会放在那些新鲜的东西上：新的信息、新的外观和感受、新的人物和新的媒体（完全理解，太激动人心了！）。但我们需要确信的是，看到新营销活动的顾客能够意识到这是哪个品牌做的活动。独特性资产可以帮助品牌在所有执行活动中创造出统一的品牌视觉和风格，这样顾客才可以又快又准确地将它们在记忆中归类，从而让当下的营销活动串联过往，而不是每次都需要从头开始做营销。

---

① 视频广告的时间越来越短，五六秒的短视频大受欢迎，这意味着包括品牌营销在内的所有时间都更短。因而，有效的营销执行——而不是单纯多做推广——变得更加重要。

独特性资产和购买便利性

大部分的零售环境竞争都较为混乱。如果顾客发现其他品牌更容易被找到的话，就不会购买即使是主动想到的品牌。顾客的注意力是分散的，任何很难被找到的东西都有可能被遗忘。独特性资产可以帮助品牌在嘈杂的零售环境中更加突出，更容易被顾客找到。

独特性资产可以用在包装、促销物料和店内广告中。拥有独特性资产的包装，在零售环境中尤其重要，因为竞品通常也在同样的顾客视野范围内。包装也会跟着顾客回家，并且再次让顾客强化对品牌独特性资产的认知。所以，一定要花心思设计品牌包装、货架陈列以及线上的视觉资产。

在包装上运用独特性资产的重要性是毋庸置疑的。

产品包装是最常见的顾客触点之一，尤其在新兴市场。（见本书第六章）产品包装会出现在广告中，也会出现在货架上。出现在货架上的时候，包装对销售有可能是正面影响，也有可能是负面影响。因为产品经常是与竞品并排放在货架上，在这样的零售环境下，你的品牌包装需要能够"跳"出来。

独特性资产让顾客寻找品牌时，能有一个注意力重点（比如说找紫色的包装或顶部是红色的包装），或者说，当顾客在货架上扫视时，产品包装可以迅速抓住他们的眼球。独特性资产也为顾客给其他人描述品牌提供了一种表达方式。在新兴市场，顾客经常需要向当地小商店店员询问有没有他们想买的品牌，强烈的视觉形象让顾客描述品牌和店员找到品牌都更容易。

在更新换代的伪装下更换产品包装是一个常见的战术性错误。更换产品包装实际上并不方便顾客①，因为既有品牌资产的变换意味着顾客需要花费更多力气在货架上寻找品牌。

广告中和货架上的独特视觉形象，可以连接店外和店内的活动。我们来思考这个问题：顾客是通过哪些独特性资产找到你的品牌的？颜色，形状，品牌标志，还是包装上的其他图像？你有证据支撑你的答案吗？记住，重要的不只是你的产品包装和竞品的包装多么不同，而是这些不同对顾客来说，有多大的可视性以及有多少人知道？就像父母往往会高估孩子的能力，品牌经理往往对品牌独特性资产的数量和优势过于乐观。没有客观的衡量指标，你可能会遭遇果缤纷品牌的风险（他们就是改变包装后引起销量下滑的典型案例），那时你才会发现哪些独特性资产对你在零售市场进行竞争是重要的。

简单地在包装上使用一个颜色或标志，不会自然而然地成为品牌的独特性资产，竞品和环境中的其他方面同样重要。例如，我们发现，要在货架上脱颖而出，包装的颜色很重要。（Gaillard，Sharp & Romaniuk，2006）但是，原色的数量有限加上同一品类的颜色趋于相似（例如黄油是黄色的，茄汁意面酱是红色的，薰衣草味的东西是紫色的），颜色作为独特性资产的竞争也异常激烈。如果没有严格的筛选和执行，很难建立起对任何一个颜色的唯一所有权。（Major，Tanaka 和 Romaniuk，2014）

聪明的颜色设计做法，是尽量降低你和竞品的雷同风险。不要只是想着包装整体用哪种颜色，想一想怎么用某个颜色作为你整体包装设计的一部分。一个很好的例子就是汇丰银行，持续地使用红色的厚边缘。虽然红色在

---

① 我们仅知道的给顾客带来便利的产品包装更换，是将独特性资产运用到包装上，或者拿掉那些容易分散注意力且不会被顾客用来辨认品牌的元素，让独特性资产更加明显。这样的改变可以让顾客更容易找到品牌，像果缤纷，后来又在包装上用回吸管和橙子的元素。

银行业相当常见，但汇丰用红色作为边缘，就创造了一种独特且有辨识度的品牌资产。

独特性资产和数字营销世界

混乱啊，网页！当你在设计品牌视觉资产以使品牌脱颖而出时，要考虑所有的竞争环境，包括线上网络。要知道，即使你的品牌出现在首页，也是处在一堆混乱的竞争中。大部分的线上平台，产品包装或品牌LOGO都是品牌最大的资产。单一品牌的版面通常很小，很难看到复杂精细的细节，比如斜体字体或细致入微的图片。所以在这种环境下，有价值的是那种可以立即看到的，即便包装或标志很小的时候也可以看到的视觉资产。

Major 在埃伦伯格-巴斯营销研究院的研究（2014）显示，比起只有品牌名称的线上广告，那些融入了品牌独特性资产的线上广告会帮助品牌获得更大的流量。他还发现，视觉形象比宣传语更有效，平面广告中也有类似结论被发现。（Hartnett，2011）

独特的视觉资产，比如颜色和形状，比起文字的品牌名称在视觉上更为丰富，但引起注意的不仅仅是视觉，而是与品牌名称的联系产生了熟悉感。就好像走进一间拥挤的房间，你很有可能注意到很有魅力的人，但也会注意到你认识的人，不管他们是不是很有魅力！

能获得顾客关注的最优网络广告设计，是既具有丰富的视觉效果，又能与品牌名称形成强烈的、独特的关联。

图 5.7　网络广告设计的最优模式

设计独特性资产组合

设计独特性资产组合的战略目标，是要形成一套可以用在不同媒体平台的独特性资产，以不同的方式创造统一的、能够与顾客更多的认知系统产生连接的品牌资产元素。

因此，你在设计独特性资产的组合时，应从多样化角度考虑。多样化的独特性资产组合可以包括以下因素：

- 颜色（或颜色组合）；
- 标志或形状；
- 有一张面孔（角色或代言人）；
- 声音（如果音频媒体是媒体组合的一部分）；
- 短语。

将独特性资产的组合作为一个长期目标，并从建立一两个独特性资产开始，然后再增加。优先设计可以用在包装和广告开头的独特性资产，因为这些类型的资产对顾客和品牌有额外的好处。

总结

本章给出了一些如何塑造品牌形象/标志的指引，如下是精髓性的总结：

- 一定要选择好你的品牌独特性资产组合，刺激顾客产生对于品牌的更多的认知系统连接。

- 一定要客观评价你的品牌独特性资产水平——常见的情况是，营销者往往对自己的品牌过于乐观。

- 一定要了解哪些独特性资产可以帮助品牌从购物环境中脱颖而出，并用你的一生（或职业生涯）去保护它们！

- 在为包装设计独特性资产时，考虑所有的购物环境，包括包装小且只能二维呈现的线上环境。

- 一定要确保在这些范围内的独特性资产是统一的：

  ——在不同媒体平台的品牌执行，

  ——不同时间跨度的营销活动，

  ——店内和店外的活动，

  ——母品牌及其系列，

  这能确保你是一直在建立而不是侵蚀独特性资产。

- 不要混淆独特性和差异性。它们是分开的，既不从属，也不互相替代。

- 不要基于顾客价值去琢磨独特性资产，为你的品牌名称赋予最强势的含义。

- 不要妄想通过品牌定位去建立独特性资产，因为从长远看，对品牌形象来说这很有可能不是最好的选择。

- 不到万不得已不要更换产品包装，要知道，一旦改变就需要重新教育品类顾客。

- 不要觉得你的品牌独特性资产有多强势，因为我们对自己的品牌都会有天然的偏爱，这会让我们看不清现实。强大而客观的衡量标准能帮助我们避开空谈，尊重现实。

- 不要停止使用强势的品牌独特性资产。记住，不用的话就会付出代价——顾客会遗忘你的品牌。

要有策略地构建一个强大的、能够刺激顾客更多认知系统连接的独特性资产组合，这可以加速心智显著性和购买便利性的建立。

第六章

必须触达顾客

珍妮·罗曼纽克

　　营销活动必须触达顾客。为什么？因为品牌增长依赖于品牌渗透率的提升（双重危机规律），以及吸引品类当中大部分的轻度顾客（自然垄断规律）。如果你没有触达顾客，谈何吸引？

　　制定媒体策略的目的之一，就是尽量缩短两个购买场景的间隔时长，并且尽量延长品牌的广告曝光。这就意味着，要在你的预算范围内，尽可能持续地、普及地曝光你的品牌，去触达这个品类的所有顾客。碎片化的媒体带来了一些有趣的挑战，光想想媒体选择可以有多么复杂！在这个被手机媒体充斥的世界中，营销者容易被所谓聚焦小范围特殊顾客群、深入互动和评估媒体有效性等特别指标吸引，而忽略触达才是品牌营销最重要的目标。

　　本章将针对如何在碎片化媒体环境中进行媒体选择和媒体排期提供一些基本的原则。在这些原则指导下，即使媒体数据匮乏或是缺少判断标准，品牌也能做出不错的媒体选择。

欢迎来到全新的媒体世界

只有触达，才能在顾客心中建立起品牌的心智显著性。这个事实让追求触达（率）成为一切完美媒介策略的基础。数字化革命带来了更多触达顾客的方式，营销者得以用较低的费用、在更好的时机、在更少的广告回避情况下触达品牌潜在顾客。但是想达到这种效果并不容易，因为媒体形式多种多样，每一种媒体都有自己的优点和缺点。在深入探讨品牌营销策略之前，我们首先明确"触达"的定义，并且讨论一下，长期以来，那些营销界对以触达为目的的媒体策略的疑异。

"触达" 到底是什么意思？

营销行业有自己的术语，令人意外的是，这些词汇很少出现在市场营销的大学教科书里。触达指的是在某个特定时间段内，看到营销广告的受众比例：例如，"40%，1+触达"指的是在某个特定时间段以及某个特定地域范围内，某个特定人群（比如18—48 岁的人群）中的 40% 至少看到了一次或多次广告。[1]

这是个很简单的指标。但不幸的是，在多个媒体渠道同时存在时，这个指标的计算就会变得很困难，因为每种媒体都有自己的计算方法。对于大多数营销者来说，他们知道电视广告触达了 65% 的顾客，同期的报纸广告触达

---

[1] 某些媒体渠道无法保证受众一定看到了广告，可能是广告回避（例如调换电视频道或使用了网络广告屏蔽插件）或者受众没有注意到广告。因此广告曝光也经常被称为视听机会。

了 50% 的顾客，但两个媒体渠道整体来看到底触达了多少顾客，他们只能大概估算一下。

我们必须在此重申，触达顾客的重要性是不言而喻的：品牌只有触达了顾客①，才可能影响到他们。营销活动触达的顾客越多，对销量的影响就大；反之，如果营销活动仅触达一小部分人群，对销量的影响就小。

做个简单的数学计算，你就会发现：如果营销活动的触达面不够广（或计划只触达小部分顾客），品牌就会需要超高的顾客转化率以达成与高触达率类似的销售效果，但这几乎是不可能的。举个例子，如果媒体计划触达 60% 的品类顾客，并且让其中 5% 的顾客改变行为（也许你希望顾客点击链接或是咨询客服，在这个案例里，我们假定需要顾客完成购买），如果品类总顾客为 1000 人，这一媒体计划将最终实现 30 笔购买（触达 600 人，最终转化 5%，算式为 600 * 5%）：

- 如果品类顾客的触达率降至 40%，那么，你需要将顾客转化率提高至 7.5%（也就是将转化率提升 50%）才能完成 30 笔购买（触达 400 人，转化率为 7.5%，算式为 400 * 7.5%）；

- 如果触达率降至原计划的一半，即 30%，那么，你需要将顾客转化率提升到 10%（也就是让转化率翻倍）才能完成 30 笔购买（触达 300 人，转化率为 10%，算式为 300 * 10%）；

- 如果你采取低触达的媒体策略，仅仅触达品类中 10% 的顾客，那么，你需要 6 倍于原计划的顾客转化率（600% 的增长！）才能完成 30 笔

① 某些情况下，顾客口碑也能超出媒体排期的预期，成为扩大触达面的一种方式。（参见第七章）

购买（触达 100 人，转化率为 30%，算式为 100 * 30%）。

低触达率的媒体计划很难保持品牌的销售量，更不用说促进品牌增长。但媒体计划最终达成的实际触达率差异很大，也就是说，你可以花钱触达更多顾客，但很难保证实现更大的影响力。

可是，我不能采用以高触达率为目的的媒体策略，因为……

我们依然可以听到各种各样反对以高触达率为目的的媒体策略的理由。以下是一些流传最为广泛的错误逻辑。

市场很大但预算很少

不论预算是多少，你都应该在预算允许的范围内最大程度地触达更多顾客。触达率过低是品牌长不大的重要原因之一。

预算很少，那就更不能浪费。认为自己预算少的品牌，常常认为高触达率的媒体策略过于昂贵而自己无法承担，转而采取提高单顾客接触成本的策略，即用触达率换顾客互动率——小品牌在媒体策略上其实大可不必如此操作，这种媒体策略反而给了大品牌更多可乘之机。

小品牌面临的真正挑战，并不是无法承担高触达率背后的高昂费用，而是其购买便利性有很大限制。也就是说，小品牌的大多数广告触达的顾客无法便捷地购买到产品。有些时候，对于品牌来说，调整广告和媒体策略不一定是提高广告投入产出比，也许更好的解决方案是聚焦改善购买便利性。

不是说顾客应该至少被触达 3 次才有效吗？

这是一个古老的谬论。广告不是理论物理课，顾客不需要反复被灌输和思考才能理解其中的信息。好广告能一语中的，烂广告①则很难产生效果（不管顾客看多少次都一样）。

每次广告触达都会影响顾客，但第一次触达的影响力最大，后续的触达都不及第一次的影响力。这是明显的常识（一旦你了解以后），有关学习过程的研究成果以及认知心理学和营销科学的综合实验结论都证明了这一点。（Sawyer，Noel & Janiszewski，2009）现实情况下，单一数据来源的研究结论（real-world single-source data）也证明了这一点：在特定时间内，顾客第一次看到广告所产生的印象更容易影响品牌销量。（Taylor，Kennedy & Sharp，2009）

放弃高触达率的媒体策略，让广告集中轰炸一小群品类顾客，让这群顾客被一次、两次、三次或更多次地频繁触达，这种策略是对媒体预算的浪费。

即使你无法触达全部的品类顾客，你也不能放弃尝试。对顾客媒体消费行为的研究显示以大范围触达品类顾客为目的的媒体策略能最终覆盖较多的顾客。（Sharp，Beal & Collins，2009）人们在单个媒体或跨媒体的行为习惯，决定了有的人更容易被触达：有人经常看电视或者经常上网，因此不论你在哪里进行营销活动，这些人都更容易被触达。如果你没有计划要触及更多新顾客，老顾客将会自然而然地更频繁地接触你的广告。这种（低效的）频次

---

①　很多烂广告无法促进品牌的销售。因为这些广告根本没有服务于自身品牌，反而给其他品牌做嫁衣。这种情况下，试图用增加媒体投入来解决问题是很危险的。

累积会降低媒体预算的产出，因为对同一位顾客来说，第二次触达和第一次触达的费用是一样的，但是多次触达同一位顾客的销售回报却要低很多。

广告信息很复杂，顾客要多看几次才能理解并消化

采取多次触达同一顾客的广告投放策略是很危险的。每个信息复杂的品牌战役，最终都成为被迅速掀翻的小船。在碎片化的媒体环境中，面对复杂的媒体行为习惯，想要精确地让同一个人通过多个媒体渠道、按照一定时间顺序看到多个广告是一件极其困难的事情。

即使我们做得到，但为什么要这样做呢？本来一次广告触达就可以实现转化，为什么要花 2 次或 3 次触达？只有被多次触达的顾客最终能带来 2 倍或 3 倍的转化效果（比如购买），这种策略才是有意义的。你的品牌战役能确保这样的转化效果吗？

好的广告能长期留在顾客心中，因此，短时间内针对同一顾客重复投放广告不如去触达新顾客，这样对销量的促进效果更好。单一触达的媒体策略也会影响广告创意。营销人在设计广告时，就应该让顾客第一次看到广告就能被转化，每次被新顾客看到，每次都有效。

对标竞品，集中投放

用一个糟糕的投放计划对标另一个糟糕的投放计划，最终两个品牌都会被第三个聪明的竞争者打败。短期内的集中投放会重复触达重度的媒体使用者，但如果采取集中投放的方式来触达轻度的媒体使用者，将是昂贵而低效的。（Ceber，2009）没有哪个品牌可以持续集中投放广告。集中投放的广告只能影响到当下市场中的顾客或者很短时间内会进入市场的顾客。除非你的产品季节性很强（比如，80% 的购买行为都在某个特定时间段发生），否则，即使是很成功的集中投放计划，也会让品牌在一年中的其他时间悄无声息。实际上，大多数的购买行为发生在没有媒体投放的时间。

不要照搬竞品的集中投放模式，你应该策划一个持续性的媒体投放计划。也许你确实会在竞品狂轰乱炸的时候丢失一些销量，但长期来看，你的品牌获得的销量增长会更多。因为，当你的竞争者变得无声无息的时候，销量就会流向你的品牌。

不要再找借口了！

如你所见，如果希望把媒体预算用到刀刃上，你确实没有理由不采取以触达为目的的媒体策略。不论你在哪个品类，在哪个市场，实现触达都是非常重要的。即使在人口众多、媒体环境碎片化、新顾客不断涌入的新兴市场，如果一个品牌想要持续盈利，尽量广泛地触达品类顾客也是极为重要的。

在销售的地方投放广告

广告要在有很高购买便利性或计划提升购买便利性的地方投放。广告的主要目的是建立品牌的心智显著性，说服顾客在情感上接近你的品牌。一旦心智显著性建立起来了，较高的购买便利性可以使顾客更容易被说服，从而产生购买行为。如果购买便利性较弱，即使广告完美触达了多数顾客，也不会提高销量。

如果产品只在美国的东海岸或者中国的哈尔滨有销售，那么，在这些地区以外做广告是没有什么价值的。这时，用区域媒体是一个明智的选择。因为可以避免在无法购买该产品的地方投放广告——前提是在区域媒体投放成本低于预期收益。如果不久的将来你想在新的地区进行销售，那么，广告在人们（包括零售商和经销商）心中建立的品牌心理关联将有助于稳固分销。

（更）有价值的受众：轻度顾客和非品牌顾客

在本书第二章，我们讨论了轻度顾客和非品牌顾客对品牌增长的重要性。我们需要触达这些顾客，需要注意的是，他们与此同时会购买其他品牌，也会关注其他品牌的广告。顾客接触到我们的广告，能增强对品牌的记忆，削弱竞品广告的影响，从而使品牌在购买场景中显得突出。

这使得能够触达轻度和非品牌顾客的媒介变得非常有价值。通常这些媒体能覆盖绝大多数的品类顾客，还能覆盖有利于品牌增长的顾客。但是以下三种策略会减弱媒体投放的效果：

- 让顾客出力，增加品牌曝光。低触达或者参与度高的媒体常这么做，让顾客参与某些活动从而达到资格。只有重度顾客才有动力去做这一步。具体例子有 Nelson-Field、Riebe 和 Sharp（2012）针对脸书粉丝页面做的分析，Romaniuk、Beal 和 Uncles（2013）上也有一系列这样的社交媒体和事件。

- 顾客要费力才能识别你的品牌。如果受众要很努力才能识别出你的品牌，大多数人不会这么做，那些少部分能识别出的人是品牌曾经的重度顾客。你做的（只是）对那部分转变了的顾客进行说教。

- 不必要的重复。一个常见的错误就是选择一个覆盖广泛的媒介载体，但又安排在某一触点上，进行大量的短期重复触及。例如，在美剧《海军罪案调查处》里做广告，而且同一集上投放大量触点，只有你的每个广告都是针对完全不同的受众，这个投放才有价值——你有这个信心吗？

综上所述，应该避免让品类顾客出力去实现你的广告目标，轻度和非品牌顾客不会这么做，这样的话，你就会错过对品牌增长最有价值的人群。

因此，不要忽视轻度顾客和新的品类顾客。

主要针对品牌顾客群的策略——即使能做到覆盖广泛——仍然会错过一个重要的群体，那就是轻度顾客和新的品类顾客。品类增长时，任何新涌入的品类顾客都为品牌带来了增长机会。即使在成熟品类中，新的品类顾客的进入就像一个人进入了人生的转变期。

新的品类顾客对品类和品类品牌知之甚少，这意味着，对新的品类顾客建立心智显著性的竞争力较小。在人们接触新品类空白期这个初级阶段，品牌更容易在他们的印象中建立深刻印象。因此，任何媒介的目标应该足够广泛地触达这些新的品类顾客。

选择媒介渠道

媒体投放应以顾客为中心，我们本能地知道这一点。睿智的媒介策划，关键就是要知道品类顾客接收的媒体数量、频率、持续时间以及时段等基本知识。不幸的是，我们往往缺少强大的以顾客为中心的媒体数据，从而支持我们的直觉进行投放。

值得庆幸的是，不论是跨平台还是平台内的媒介行为，基本上都符合双重危机规律。这意味着，媒体投放的频率和持续时间与观众数量（渗透率）直接相关。或者说得更简单一点，吸引更多观众的媒介使用的顾客会更多，并且持续的时间更长。

图6.1是来自俄罗斯的在线顾客的样本。我们看到了两个最常见的媒介——个人电脑和电视，它们拥有最频繁使用的顾客，大约有90%的顾客大部分时间都在使用这两种媒体。相对而言，杂志或电影院这两种媒体面临着双重危机的打击，他们吸引的人少，与人产生的互动也少。

网吧上网是图6.1中一个明显的例外，因为只有没电脑的人才会那样做。俄罗斯大部分人都有电脑，不需要去网吧上网。但是在网吧上网的人网络使用程度很高。

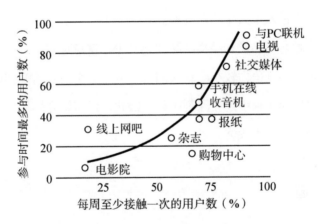

图6.1　2014年俄罗斯网民媒体消费习惯（n=800）

这种双重危机规律的应用意味着，在没有其他证据的情况下，你可以假定高渗透率的媒体常常会吸引更多观众。但需要区分的是，究竟是媒介有广泛的覆盖，还是策划者有能力通过媒介实现广泛而不重复的触达。

据报道，2012年在中国，人们上网的时间比看电视的时间多（Meeker &

Wu，2013），但是互联网上的信息远比有 350 多个频道的电视更加碎片。品类顾客可能会花费更多时间在网上，但是网络的碎片化使得触达难以实现叠加。

双重危机规律在单个媒体渠道也普遍存在（即不同的电视频道、电台，类似风格的网站）。几十年的证据表明，世界各地的电视节目的收看模式也适用该规律（Sharp，Beal & Collins，2009），现在，这一规律已经扩展到电台、网站等媒体。表 6.1 显示了双重危机规律在中国和美国的社交媒体的情况。

表6.1　中国（2014）和美国（2015）网民使用社交媒体的渗透率和频率

中国网站	顾客（%）	高度活跃顾客*（%）	美国网站	顾客（%）	高度活跃顾客*（%）
微信	96	88	Facebook	84	82
QQ 空间	93	75	Twitter	49	65
优酷	87	60	Google+	47	51
新浪微博	86	70	Ins	41	64
腾讯微博	80	56	Pinterest	41	51
人人网	62	41	LinkedIn	38	34
豆瓣	59	39	Tumblr	25	50
朋友网	58	45	Vine	23	45
开心网	50	41	Flickr	18	39
前程无忧	43	40	Ask. fm	17	47

（续表）

中国网站	顾客（%）	高度活跃顾客*（%）	美国网站	顾客（%）	高度活跃顾客*（%）
点点	34	32	Tagged	15	56
街旁	32	30	Meetup	14	48
均值	**62**	**49**	均值	**34**	**53**

*高度活跃顾客=大部分时候都使用的顾客

当你在进行媒体选择时，很容易看出媒体渠道的双重危机规律。只需要根据电视频道、网站、电台及出版物这些媒介的渗透率、使用频率及市场占有率大小进行分配即可。一个简单的分布图就能直观地体现这种关系。

无论是单一的还是跨媒体渠道的信息碎片化，都使得只有少量媒介能够吸引大量的观众关注。一旦有一个高触达的媒体，在同一平台再加上一个触达率低的媒体，这对建立有效覆盖率不是好的选择。小触达媒体往往会吸引这些媒体的重度顾客，而他们正是通过其他更高的触达已经覆盖了人群。你投了大量重复的媒体，却很少有额外触达的人群。

我们再来看看社交媒体，比如 Pinterest 这个较小的社交媒体的顾客也活跃在其他社交网站，包括 Facebook 和 YouTube 这些大社交网站（参见表 6.2 中墨西哥和尼日利亚的例子）。如果你已经在大型社交网站上做了广告，再在小社交网站上做广告就没有太大意义——可以把钱花到其他地方或者选择不同的时段。

有时候小媒体渠道的观看频率和时长会超过预期，但它们吸引的观众群很小，媒介吸引的眼球或者是收听总体来说也就很小。这些小媒体通常被当作能够吸引顾客深度参与的媒体来销售，但是更长时段的购买或者重复出现可能并不明智，因为它们会产生频率过剩，除非顾客的重复观看经过了小心的间隔。请记住，每一次广告播出都花费了相同的成本，但是高度密集的重复曝光会使销售额减少。

表6.2　墨西哥和尼日利亚社交媒体和沟通平台的认知网络规模（2014）

墨西哥	渗透率（%）	使用其他社会媒体顾客数量	尼日利亚	渗透率（%）	使用其他社会媒体顾客数量
Facebook	91	2.1	Facebook	89	2.8
YouTube	84	2.3	WhatsApp	67	3.2
Twitter	45	3.2	YouTube	52	3.5
Instagram	21	4.2	Twitter	49	3.7
LinkedIn	14	4.3	LinkedIn	34	3.9
Badoo	10	5.1	Skype	22	4.1
Pinterest	8	5.6	Online Nigeria	20	3.8
Hi5	7	5.6	Instagram	15	4.8
Sonico	7	5.9	Pinterest	6	5.6
Metroflog	4	6.7	Tumblr	3	6.3
均值		4.8	均值		4.2

结果一目了然。首要的是选择能够充分吸引受众的媒体，然后确保可以通过这个媒体触达该品类顾客。

在新兴市场中进行多触点触达

除了传统的电视、纸媒和广播，媒介选择如今已经扩展到各式各样的电子、店内和活动形式，即使是户外广告这种旧式媒介，在多媒体显示屏等高科技的推动下，也开始了内容上的创新，甚至出现了可以与过路行人直接互动等全新形式。

新兴市场要求媒体策划灵活性更强——能够从当地街头的最基本的海报展示扩大到复杂的移动平台。在如此多样的媒介工具组合下，了解跨平台媒体策划中触点之间如何互动从而帮助或阻碍触达是十分重要的。

举例来说，2012 年我们通过一系列个人护理产品调查，研究了 6 大新兴市场（中国、土耳其、泰国、越南、中国台湾、马来西亚）的触点触达率。我们请每个市场的品类顾客回答，他们是否通过 17 种触点中的任何渠道看到或听到过目标品牌，这些渠道包括电视、广播等传统媒介，以及品牌网站或社交网络等店内及线上活动。

我们统计了每一品牌通过各触点获得的触达量，并将数据由高到低进行排序，发现各市场前五大触点基本相同（参见表 6.3）：货架展示，电视广告，超市传单或优惠券，价格促销或组合优惠，赠品优惠。这一结果表明，虽然新媒体的出现让人兴奋，但要在新兴市场的碎片化媒介环境中获得品牌触达，传统媒体及店内促销活动仍然十分重要。

假设你大部分策略是正确的，则可以在个别市场或触点进行一些个例尝试。我们在这次的个人护理产品调查中就发现了一些不同之处：

- 在中国，社交网络排名较高；

- 在马来西亚，超市传单或优惠券排名较低；

- 在中国台湾，个人推荐/店内促销员推荐排名较高；

- 在泰国及中国台湾，纸媒广告（报纸及杂志）的排名较高。

表6.3 五大新兴市场个人护理品类目标品牌触点触达量排名（2012）

各国平均排名排序	中国	中国台湾	泰国	土耳其	越南
货架展示	1	2	1	1	1
电视广告	2	1	2	4	2
超市传单或优惠券	4	4	3	2	3
价格促销或组合优惠	3	9	4	3	4
赠品优惠	6	6	6	5	5
个人推荐	10	3	10	6	6
店内促销人员建议	8	10	7	7	7
纸媒广告	13	5	5	13	9
店内样品	11	7	11	8	8
户外广告	14	8	9	15	10
专家推荐	15	11	8	10	11
广播广告	12	14	12	14	12
免费样品	17	12	13	9	14
公关活动	9	13	14	17	13
社交网络	5	17	16	12	16
移动端（短信/手机杂志/应用程序）	7	15	17	16	17
网络广告	16	16	15	11	15

如何整合不同媒体， 制定媒体组合

有时候，如果你使用的媒介渠道已经饱和，想要获得额外的短期媒介触达，即意味着你要花更多钱增加曝光频率。摆在你面前的是两个选择：省下这笔钱，留到下一个宣传期；在你的媒介策划中加入另一种媒介。就像添加触点一样，获得不重复的媒介触达，才是添加一个媒体平台的首要问题。

人们会接触多种不同的媒介。在缺乏顾客相关数据时，如何整合多个媒体平台，制定不重复的触达策划呢？

我们可以从第三章提到的重复购买理论中获得启发，这一理论是在研究电视观看行为时被首次发现的。（Goodhardt & Ehrenberg, 1969）无论是对比多种媒介，还是深入分析某一媒介，或者两项同时进行，这一理论都对媒介选择有指导性帮助。（Redford, 2005）以下两点值得关注：

- 受众份额过剩——同时选择某两种媒介时，媒介触达重复度超出预期，即表明这类媒介搭配应当避免；
- 受众份额不足——表明这类媒介搭配可以帮助品牌获得更大范围不重复的触达。

表 6.4 展示了中国各媒介的受众份额。数据表明，每个媒介与最大媒介即电视进行搭配，可拥有约 80% 的受众份额，但其他组合在不同媒介中也有不同的受众份额。我们以部分组合为例，介绍它们是如何影响媒介策划的。

从表 6.4 我们可以看到，社交网络视频广告与超市传单/优惠券、户外展柜/活动、短信/手机广告及广播搭配时，受众的重叠率会较高，因此，在一个多平台活动中，这些组合更有可能导致受众范围重叠。相对而言，社交网络视频广告与赠品/礼物、店内促销员建议、个人口碑传播及店内品牌广告搭配时，重叠概率较低。在策划多平台活动时，虽然此类分析的结果只是一种可能，时间和成本也是需要考虑的因素，但这一结果强调了更有效的媒介组合，值得进一步研究。

表6.4　2012年中国各媒体的受众份额（部分结果）

被以下媒体触达过的受众	触达比例（％）	其他媒介触达比例（％）			
		电视广告	社交网络视频广告	店内促销员推荐	同辈口碑传播
电视广告	62	–	40	20	17
社交网络视频广告	31	80	–	7	5
超市传单/优惠券	27	77	**63**	22	17
赠品/礼物	22	83	18	**44**	**36**
户外展柜/活动	17	84	**81**	16	12
店内促销员建议	16	77	13	–	**46**
短信/手机广告	16	90	**82**	13	9
店内品牌广告	15	78	9	**58**	**46**
个人口碑传播	13	85	12	58	–
广播	10	89	**84**	15	9
均值	**16**	**83**	**40**	**20**	**17**

注：加粗数据表示受众份额过剩，阴影覆盖数据为受众份额不足。

如何最大程度实现非重复的媒介触达，战略方法有很多种。这就像炒菜一样，如果你掌握了热锅的诀窍和热油，那就能用任何肉、菜和调料炒出一盘好菜。以下就是炒出一盘好菜的基础条件：

- 电视媒体是任何媒介策划中的无价之宝，这一点在很多案例中都有体现（Binet & Field，2009；Rubinson，2009），所以，不要轻易放弃这一选择。
- 先选择受众触达范围最广的媒介，然后，如果你能在本周能够触达更多的非重复受众的话，再进行媒介添加。（Sharp 等，2014）
- 选择不同类别的媒介，这样更容易避免受众的重复。（Romaniuk，Beal & Uncles，2013）比如，将电视媒体与数字及店内媒介搭配，而不是两种数字媒介或店内展示搭配。

总结

有效的媒介战略能够帮助品牌打造并巩固心智显著性，而其基础就是媒介触达。虽然当前媒介环境的碎片化及全球市场的复杂性增加了媒介触达的难度，这里，仍提供一些方法，帮助品牌简化媒介选择的过程。

- 首先，将轻度顾客和非品牌顾客作为品牌增长的首要目标受众，这些受众可通过触达范围较大的媒介覆盖。如果是发展中的品类，先触达轻度顾客。
- 其次，根据双重危机规律，小型媒体更容易吸引重度媒体使用者，这些人同时会关注大型媒体。除非你能确保你的媒介组合覆盖不重复的受众范围，否则应该假设任何一个小型媒体只能让品牌曝光频次增加而已，但覆盖面较窄。
- 最后，策划一次多平台活动，可以通过触达重复度分析来考察不同媒体的受众份额，从而找到更有效的跨平台方案。

第七章
口碑营销

珍妮·罗曼纽克　罗伯特·伊斯特

口碑（WOM）被视为媒介超人——它不花钱，而且强有力，能帮助任何品牌通过一场活动一跃成为更大的品牌。口碑传播在 20 世纪 60 年代开始流行，之后慢慢输给了其他传播形式，直到近 10 年，随着社交媒体的兴起再次复兴。让更多人有更多机会分享他们对品牌的看法——这才是值得我们讨论的重点！你若问顾客，他们都会说，口碑很重要。但顾客觉得重要的东西，对营销人员同样重要吗？

口碑营销在新兴市场中颇受认可，因为它看起来可以解决这些地区营销人员面临的两大问题。首先，许多新兴市场的集体主义文化较为深厚，人们更渴望融入家庭和朋友，因此口碑的影响力也比其他地区要来得大。其次，媒体碎片化以及社交媒体的出现，让品类顾客有了更多机会去接触和分享观点。

口碑传播的致命点是：营销人员对口碑传播缺乏管控力，很难对其传播效力进行管理。本章我们会讲解口碑传播的优势、局限性以及数据评估标准，帮助你在较大型的媒介组合活动中，理性评估、聚焦以及管理口碑活动。

口碑的魅力

很久以前，有一个影响力很大的品牌，它的增长完全依赖口碑传播的力量。这个品牌深受顾客的喜爱，顾客从早到晚与家人、朋友和遇到的每个人讨论这个品牌。口口相传，越来越多的人购买这个品牌，越来越多的人向家人、朋友、同事和同学分享它，渐渐地，该品牌成为该地区该类的头号品牌。品牌的管理者升了职，从此大家过上了幸福的生活……

听上去像个童话吧？事实上，这就是一个童话。如果运用得当，口碑传播能够成为营销和媒介组合的有效补充手段，但它不是（很多）拥护者口中的救世主，只是品牌增长战略当中的一个很小的部分。口碑传播的童话会误导营销人在实施过程中耍小聪明，过多注意细枝末节，而不能有效分配资源。

只用很少的预算就能在人口众多的国家进行品牌营销，这一特点让人们很容易把口碑传播当成万能药。有些忠诚的拥护者甚至声称，在一些新兴市场，口碑传播比在发达国家更有用，因为这些地方的集体主义文化让顾客更在意家人、朋友和同事的意见。

一些并不明确的数据经常被用来支持这个说法，所以大家在相信之前不妨仔细看一看。比如麦肯锡咨询公司声称，在新兴市场，更多顾客在购买食物和饮料品类之前会收到一些推荐；和美国顾客相比，更多的中国顾客说他们购买保湿霜时会考虑家人和朋友的推荐。（Atsmon & Magni，2012）尽管这类支持流行说法的理论很容易被接受，但这压根不是有力的证据。获得或者考虑品牌口碑和根据建议行事并不是一回事！[1]

口碑营销通常涉及一系列顾客自认为重要的信息来源，以及每天关于大量品牌对话中所统计出来的数据，但是，这些数据却误导了我们对重要性的认识。首先，我们有着自我选择偏误。我们认为自己不是被广告带着跑的傻瓜，坚持"自己的购买建立在别人的建议基础上"，这会让我们心里更舒服。其次，尽管有很多关于各个品牌的谈话，但是人口数量和品牌数量比有关品牌的谈话数量要多。我们接下来会给大家看一看，多少类似的对话都不能触达那些能够影响品牌购买的人群。

这并不是说口碑不重要。很多没有经验的顾客或者是要做重要决定的顾客都会参考产品口碑。诚然，口碑在过去很长一段时间都是帮助顾客接受新产品的有效助力因素。尤其对于一些颠覆性创新产品，很多顾客在购买前都需要亲耳听到或者亲眼见到这个产品。[2] 但需要重申的是，这和口碑传播对于习惯性购买或者现有产品和品类的影响是不同的。

想要有效运用口碑，你需要给自己进行免疫，不迷信这些谬误。目前很多人关于口碑传播的营销方式都建立在许多没有证据、摇摇欲坠的信念上。本章我们会打破一些谬误，提供各领域的口碑传播优秀案例，比如相关事件、口碑的影响以及指标的解释。

口碑的特征之一就是经常会有倾向性或者一种指向，因为它可能对品牌产生正面或负面作用。于是第一个问题就来了，正面口碑和负面口碑，哪个更为重要？

---

[1]　缺乏强有力的证据也许就是集体主义模型不被普遍认可的原因，有些人称，亲近家人和朋友、从他们身上得到认可的需求是个人特征，而非某个国家的特征。

[2]　更多相关背景，参见 Bass 和 King（1968）。

我应该关注正面口碑还是负面口碑?

合理安排资源（注意力、人力、资金）是成功策划的第一步。我们通常根据口碑的倾向性对其予以定义：正面的，即有人说品牌的好话；负面的，则有人提出有损品牌的言论。还有一些口碑是阐明事实的中性陈述（比如某商店营业至晚上 8 点），没有特别的倾向，我们暂时把这种类型放到一边。

绝大部分情况下，正面口碑对品牌有利，负面口碑对品牌有害[①]，所以，你应该分配多少时间、资源建构或者鼓励正面口碑，同时阻止或者处理负面口碑呢？

要回答这个问题，我们首先要纠正一个普遍的谬误，即负面口碑比正面口碑更常见。事实证明，结果截然相反。正面口碑比负面口碑更常见。（East，Hammond & Wright，2007）图 7.1 展示了 10 个国家中手机用头戴式耳机的口碑情况，正面口碑是负面口碑的 2—5 倍之多。

即使如餐厅或电影等，此类更经常被评价的品类，或者如汽车等单价较高的品类，也都服从这个模式。（图 7.2）正面口碑的数量大约是负面口碑的 3 倍，和 East、Hammond & Wright （2007）研究得出的平均值近似。

正面口碑的数量更多，原因很简单——相对于负面口碑，更多人更常给出或接收正面口碑。（表 7.1）负面口碑的传播率和正面口碑差不多，或者稍稍低一点。

---

① 有很少一部分口碑的作用是交互的——有些和你品味不同的人的正面口碑，会让你更不愿意购买，而负面口碑能够激发好奇心，带来更高的购买可能性——这一比例很小（约 3%），而且仅限于一些特殊品类，比如电视节目、电影或时尚产品。

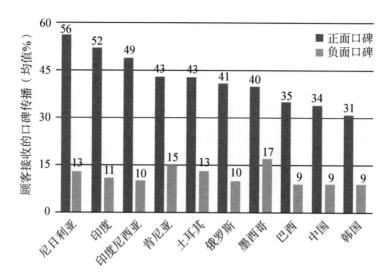

图 7.1 各国手机用头戴式耳机正面、负面口碑的相对水平（2014）

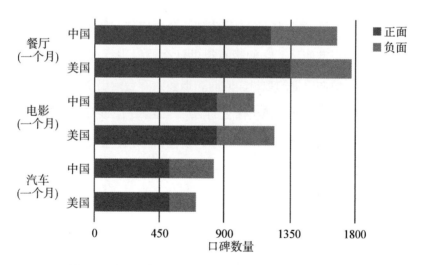

图 7.2 美国、中国 3 个品类的正面和负面口碑数量对比

表 7.1 中国和美国 3 个品类的正面和负面口碑 (2014)

品类和国家	被调查者收到至少 1 条口碑 (%) *		频率 * (基数 = 给出口碑的人)	
	正面口碑	负面口碑	正面口碑	负面口碑
餐厅——中国	62	28	3.5	2.2
餐厅——美国	76	31	3.1	1.9
电影——中国	55	16	2.5	1.8
电影——美国	57	18	2.6	2.0
汽车——中国	47	21	2.2	2.0
汽车——美国	42	15	2.1	1.8
均值	57	22	2.7	1.7

*时间跨度：1 个月内（餐厅和电影），6 个月内（汽车）

为什么正面口碑更常见？这是因为要给负面口碑，你需要一个故事。绝大部分品牌都能正常使用，它们没有提供什么值得进行（负面）评价的内容，这就减少了负面口碑的数量。同时，很多人都会给出正面口碑，因为它更有用，顾客一般更需要应该买什么的信息，而不是应该避开什么的信息。

大家对口碑传播的另一个恐惧在于，负面口碑相较正面口碑有着更大的内在破坏力——它对受众影响更大。这也是个谬误。East 和 Hammond (2006) 通过全方位、多品类的研究证明，正面和负面口碑的影响基本相同。

正面口碑对品牌销售的影响更大——与负面口碑相比，在影响力基本相同的情况下，正面口碑触达的人群更多。除非你的品牌表现得很糟糕（这种情况下，首先整顿你的品牌！），否则，不要在负面口碑上耗费太多精力。

口碑和聊天（谈论品牌）是一回事

"口碑"这个说法很容易让我们忽视一个事实——对于普通人来说，它叫聊天。请记住：绝大多数口碑都在有人际关系的人群之间进行分享，从陌生人那里寻找建议在很大程度上是不现实的。比如，2014 年，我们在中国进行了一项研究，在对 3 个品类进行研究后发现，85% 的口碑传播来自同事、家人和朋友，只有 15% 的口碑来自一些与受访者不太熟悉的人。

有人获取口碑，就有人给出口碑。口碑传播多数发生在非常熟悉的人之间，这意味着给出口碑的人了解他们聊天对象的兴趣和口味，由此形成了包括谈论品牌在内的各种聊天方向。和陌生人交谈时，我们会探索话题，从而发现共同的兴趣。但是和家人或者朋友对话，我们已对对方有了预先的了解，因此知道该聊什么（以及不聊什么）。

为什么人们会谈论品牌？

Jenni 想分享一个故事。上次她在上海时去了一个很不错的餐厅——花马天堂云南餐厅……以此为例，有两种讲述方式。

- Jenni 可以和你讲那里的食物多么好吃，如何物超所值——很快，你们当中的一些人会开始走神，不再仔细听（请回来！）。因为你不在上海，从没去过，也不打算去。如果以此为讲述方向，唯一对她感兴趣的听众是那些目前正在上海、去过或近期打算去的人。
- Jenni 可以和你分享一个有趣的话题，因为缅甸和中国很近，缅甸对中国食物产生了影响，接着谈论缅甸的政治变革，以及中国对缅甸的影响。顺便，她提到了这间餐厅的食物很美味，也非常划算。这样，

　　她能够吸引上海人，过去和未来对上海感兴趣的游客，还有那些对地域、政治、历史和很多话题感兴趣的人。这种讲述方式可以吸引更多人的原因在于，品牌是故事的一部分，而不是故事的全部。那些对这一地域感兴趣的人也许最终会去上海，而现在他们就有了一个届时可以去尝试的餐厅推荐。

我们常认为，品牌行为是口碑最主要的触发原因，但这其实只是其中一部分。顾客分享口碑也可能是因为他们觉得这会对受众有帮助，或者在聊天中顺带提到。（East 等，2015；Mangold，Miller & Brockway，1999）品牌可以通过特定行为触发口碑传播，但事实上，是口碑传播者所处的环境影响了实际结果。

　　了解给予口碑的各种动机后，我们会发现，传播口碑的人就像一个守门员，挑选人群分享特定信息。这限制了口碑的触及范围，因为传播者只有在自认为口碑对受众有价值的情况下才会发表意见——要么他们知道那个人也要买这个东西，要么是因为故事很有趣，很吸引人（能让聊天更有趣）。如果不能愉快地延续聊天话题，那分享口碑有什么作用？

　　这意味着，一个可聊的故事对品牌来说格外宝贵，它可以在不明确对方是否关心某种品类或品牌的情况下被分享。没有可以分享的故事，传播者很可能会等待一个外部的动力去进行口碑分享，比如有人在谈话当中暗示自己正在关注该品类，或者有人直接向他们寻求意见。有趣的故事可以让品牌的口碑绕过这些聊天上的惯例。

　　营销人需要思考的是，什么样的品牌故事才足以有趣，能够在对话中进行分享。同样，你需要不断提供新的故事给大家，从而不断产生口碑传播，因为大家都不太会（有意地）重复同样的故事给同样的听众。

如果你的营销计划是依靠口碑促进购买，想一想你要如何解决这些问题。再就是，人们通常只会就自己体验过的品牌给予口碑。

品牌体验很重要

有了亲身经历我们才能讲出动人的故事。当人们体验过某品牌，才会给出口碑评价。图 7.3 展示的数据来自 East、Romaniuk 以及 Lomax（2011），其中包括了韩国与黎巴嫩口碑传播者的调查情况，以及一系列成熟市场与新兴市场中 15 个品类的平均口碑状况。根据调查结果，正面口碑一般来自品牌老顾客（East, Romaniuk & Lomax, 2011），因为他们往往：

- 已经对品牌形成（确信的）印象；
- 曾经看过品牌广告（Romaniuk & Wight, 2009）；
- 有一些独特的品牌体验/故事值得分享。

相对的，品牌的流失顾客或者说叛逃者会产生更多的负面口碑，因为他们：

- 很可能经历过糟糕的品牌体验；
- 倾向用负面感受来解释自己为什么不买这个品牌。（Winchester, Romaniuk & Bogomolova, 2008）

品牌的老顾客支配正面口碑，流失顾客则负责产出负面口碑，而那些没有购买经历的顾客很少对品牌做出口碑评价。所以，对于新品牌来说，过度依赖口碑营销是有很大风险的，因为品牌并没有太多有使用体验的顾客。

流失顾客与品牌负面口碑的关联表明了净推荐值（Reichheld，2003）的主要局限性，即它只统计品牌老顾客做出口碑评价的意愿，忽视了那些品牌叛逃者，因此低估了品牌的负面口碑。（East，Romaniuk & Lomax，2011）

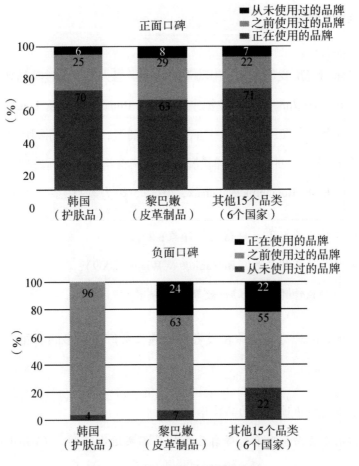

图7.3　正面口碑和负面口碑案例

来源：East，Romaniuk & Lomax，2011

放轻松——你的品牌口碑可能很正常

和大多数品牌评估指标一样，口碑的好坏和市场份额息息相关。（Uncles，East & Lomax，2010）市场份额越高，正面口碑越多。图7.4展示了印度尼西亚和俄罗斯主要银行的口碑传播情况。与小银行相比，诸如俄罗斯联邦储蓄银行和印度尼西亚中亚银行，这类大银行往往会得到更多的正面评价。原因很简单，小品牌没有太多个人体验可以分享，品牌也就形成不了口碑。

这种情况对于同一品牌在不同国家的表现同样适用，例如图7.5中汇丰银行的例子。相比俄罗斯的汇丰银行，巴西和中国的汇丰银行有更多正面评价，因为汇丰银行在这两个国家有更多的个人顾客。

品牌市场份额以及亲身体验情况决定了我们对品牌的相对口碑期望。也正因为如此，我们就可能理性衡量品牌口碑是否与它的现有市场份额相匹配，而不是只看绝对的百分比数值。对于国际品牌的品牌经理来说，这个法则特别有用。因为当品牌在不同市场中的份额有所差异时，我们更应该根据市场分别对其予以研究。

什么时候正面口碑最有用……

潜在顾客是否会被第三方意见影响取决于他本来有多大可能性购买这个品牌。（East，Hammond & Lomax，2008）如果不了解这位顾客的原本购买可能性，就很容易高估口碑对销量的影响。

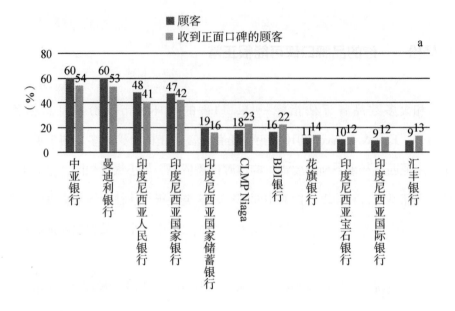

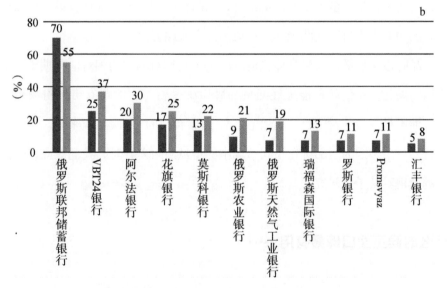

图 7.4　印度尼西亚（a）和俄罗斯（b）的银行正面口碑情况（2014）

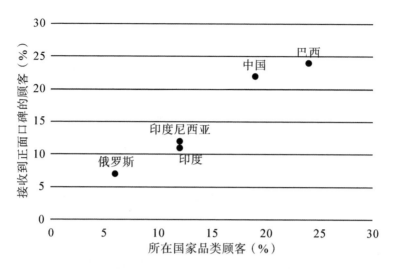

图 7.5　汇丰银行在 6 个国家中顾客数量与正面口碑的关系（2014）

在第一章我们说过，通常状况下，品牌购买倾向的分布如同图 7.6 展示的那样，像一个倒"J"。很多顾客的未来购买倾向很低，甚至为 0。

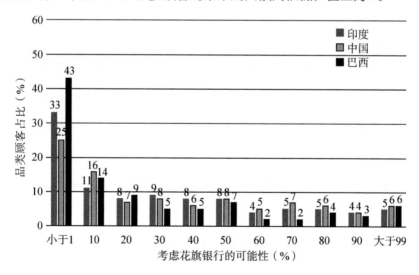

图 7.6　印度、中国和巴西的顾客购买下一件银行产品时，

考虑花旗银行的可能性（2014）

对于那些接收到正面口碑的潜在顾客，他们在知晓品牌正面口碑之前，有多大可能性购买呢？这里以美国汽车行业为例。我们找出最近6个月之内收到了汽车品牌正面口碑的顾客，然后询问在接收到正面口碑之前和之后，他们分别有多大可能购买这辆车。[①] 购买可能性的变化就是口碑对这位顾客的影响。研究显示，正面口碑将购买可能性平均提升了0.9%。（先不要吃惊，这很正常！）

但是，正面口碑对所有人的影响都一样吗？为了进一步验证，我们绘制了每个人在接收到正面口碑之前的购买可能性（图7.7），从而观察口碑对购买概率的影响是否会因为原始购买可能性而不同。我们根据原始购买可能性组别（0到100）分别进行研究，这对客观地看待平均影响力的数据至关重要。因为即使口碑对某一组别的顾客影响力很大，但是这一组别的人数较少，最终还是只可能得到一个较小的平均影响值。

从图7.7，我们有一些很明显的发现：

- 正面口碑对那些原始购买可能性较低（10%到20%）的潜在顾客有更大的影响，购买可能性的提升超过了之前调查结果的2倍。

- 人群集中度和口碑影响力之间存在不匹配的状况：在接收到正面口碑的受访者中，有63%的受访者的原始购买可能性已经超过了70%。对于购买可能性高达70%或80%的人来说，正面口碑的影响只有0.4%，不到平均结果的一半。

- 在原始购买可能性极低（接近0或10%以下）的区间内，有一些坚

---

① 这项研究于2014年11月在中国开展，有超过600名的受访者。这次研究的方法与之前East、Hammond以及Lomax于2008年进行的研究相同。

定的品牌排斥者，正面口碑对他们不起作用。

- 正面口碑的接收者大多都是高购买可能性的顾客。当我们考虑口碑营销的有效性时，一定不能忽视这个现象。

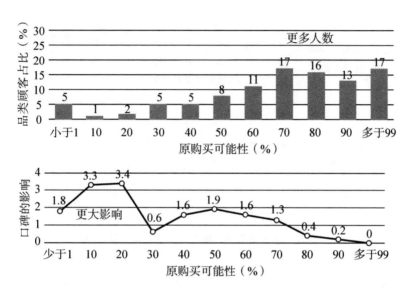

图 7.7 美国汽车品牌的购买可能性与正面口碑对其影响①（2015）

我们不是要否定正面口碑对较高原始购买倾向顾客的价值，而是说，当口碑营销针对那些原始购买倾向较低的顾客时，整个营销的投资回报率会更高。

中国汽车行业口碑情况与此类似。（图 7.8）正面口碑对购买可能性较低的顾客影响最大，但对于购买可能性为 0 的顾客就另当别论了。大部分正面口碑的接收者本来就有很大的购买倾向，但口碑还是对购买倾向较低的顾客影响更大。在中国市场上，汽车还是一个全新的购买品类，所以受访者购

---

① 代表原始购买可能性与收到正面口碑后的购买可能性之间的差值。

买倾向的分布并没有像美国一样偏向右侧。

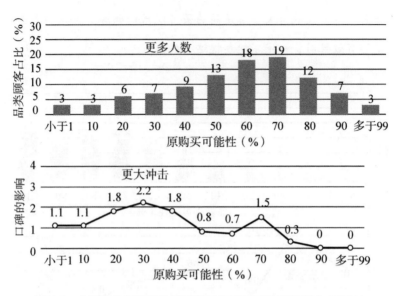

图7.8　中国汽车品牌的购买可能性与正面口碑对其影响（2014）

有人特别喜欢将自己的个人经历分享出去，为其他感兴趣的人提供参考意见，品牌的口碑就掌握在这群人的手（嘴）里。这就意味着，已经对品牌有兴趣的人，更容易听到别人对品牌的评价。要注意的是，在比较口碑营销与其他受众倾向较为均衡的媒介（例如电视广告）的投资回报率时，我们必须考虑它们受众基础的差异性——口碑营销的受众兴趣本来就更高一些。

负面口碑的影响又是怎样的呢？

负面口碑的影响模式正好相反，它对品牌购买倾向高的顾客影响最大。（参见图7.9，中国餐馆受负面口碑影响评分下降1.3个点）这对低购买倾向的顾客来说，几乎没有影响，而对倾向性为90%及以上的顾客效果最大。

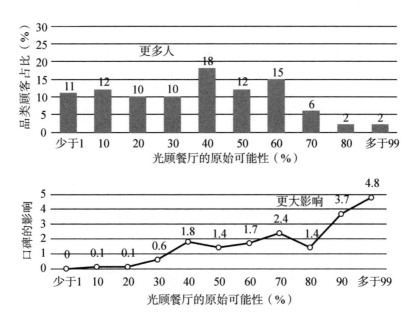

图 7.9　购买可能性与正面口碑对中国餐厅的影响①（2014）

　　负面口碑传达到品牌购买倾向很高的人群时，就可能产生较大的影响，但负面口碑很难传达到这些人，这就遏制了它对整体的不良影响。我们因而会看到受众和影响并不匹配，这削减了负面口碑可能的影响。无论正面还是负面的口碑都可以有很大的影响，但两者都不能传达到可能受影响的人群，以至于达不到应有的效果。这就指出了那些不把受众的原始消费倾向考虑在内的营销组合模型和投资回报（ROI）模型可能会有的问题，因为这些口碑传播极有可能向重度品牌顾客倾斜。如果这一点不被考虑在内，那些向现有重度顾客倾斜的小受众媒体的重要性将有可能被夸大。

　　那么，该如何看待口碑对新兴市场的影响大于对成熟市场的观点呢？为了得

---

①　为方便制图，影响程度均为正数，但消极的口碑导致的是购买品牌倾向的下跌。

出这个结论，我们在美国和中国做了一项基于相同标准的对比实验，通过比较3个品类线上相似来源的样本小组，对正面和负面口碑的影响进行定量分析。

我们对比了整体影响（图7.10），同时单独对比了负面口碑对原始购买倾向性为50%的顾客的影响，他们向上或向下调整购买可能性的空间一样大（图7.11）。

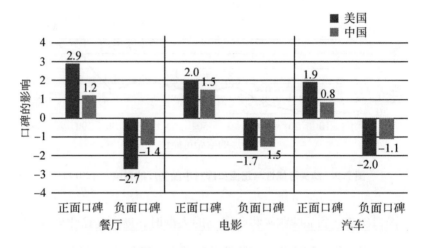

图7.10　中国与美国口碑的整体影响比较（2014—2015）

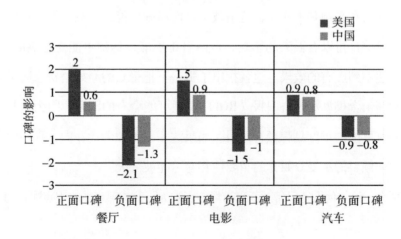

图7.11　口碑影响的比较：中国VS美国——预先购买的仅占50%（2014—2015）

实验结果并没有显示出口碑在中国有更大的作用，同样，没有证据表示负面口碑比正面口碑影响更大。（East & Hammond，2006）对于具有同样上下调整空间的人来说，口碑（无论正面还是负面）的影响都非常类似：在美国，正面口碑的平均影响为+2.3，负面为-2.1；在中国，正面口碑的影响为+1.2，而负面为-1.3。

作为强化剂的口碑分享

因为正面口碑的接收者往往都有较高的购买可能性，因而其对购买可能性的影响是有限的，然而却能帮助传播者想起曾经购买过的品牌。一条推文的接收者可能没有花太多注意去看，但这条推文的创作者却花了力气创作内容；接收买车建议的人可能正在开小差，但是给出买车建议的人却挖掘了自己的长期记忆来回想过去的经验。我们不应该忽视口碑分享对于唤起传播者对品牌记忆的力量。如果是正面的口碑（大概率），它将帮助品牌巩固老顾客的未来销量。

在所有品类中，如果广告活动较少或品牌在环境中不够显眼的话，顾客就很容易忘记以前购买过的品牌。向他人传播口碑实际是一个内在的提醒，效果就像自发产生了一个广告般的曝光时刻。发生一些高频次度或有形产品的购买时，传播正面的口碑会让顾客再次肯定自己的购买决定。

不要忘记口碑分享的影响，这很难衡量但却应该被考虑在任何关于触达的计算里，因为通过口碑分享，传播者自己同样被口碑触达了。

结论

口碑是一种很有吸引力的品牌宣传渠道，我们的实验结果也表明了应该切合实际地利用口碑传播，从而避免过多投入。

口碑与市场渗透的强相关性为市场工作人员解读品牌口碑的水平提供了一个参考：没有必要为一个小品牌拥有较少口碑而感到惊慌，也不要因为一个大品牌拥有较多正面口碑就感到兴奋，这些结果都很正常。

负面口碑通常不值得过多关注，它并不常见也没有多大影响。除非是有新内容或者品牌正在经历某种重大改变，例如产品配方重新设计，否则无须在意它的影响。

正面口碑对原始购买倾向较低的顾客影响最大。有着广泛聊天价值的故事或要点会帮助传播者将内容传达给更多的听众。充分考虑接受口碑前的购买倾向很关键，这就可以避免夸大口碑对销量的影响。但同时，不要忽视了口碑对传播者的价值——它作为自发的广告，提醒传播者正面的品牌体验。

令人意外的是，尽管针对口碑在新兴市场的力量有种种溢美之词，我们的结果却表明，口碑在新兴市场的作用与在成熟市场一模一样。因此，我们并没有理由在这些国家改变口碑策略。

最后，要看清的是：广告通常被认为是口碑的一个不那么吸引人的兄弟，记忆度较低，效果也较差。但口碑与广告一样面临很直接的问题。即使通过社交媒体进行口碑传播也会面临一样的问题——可以试一下，在任何一个社交媒体上，发一条关于某个品牌的内容，然后看看你的社交圈中有多少人真正看到了。

总之，很难一一对应地拿媒体广告的衡量标准去比较口碑。假如你把内容和媒介渠道可控的广告媒体预算转而投放在口碑营销上，其实风险很大。

第八章
建立购买便利性

玛格达·南希-泰尔　珍妮·罗曼纽克

拜伦·夏普

本章是针对一个非常重要的概念——购买便利性的第一部分讨论。购买便利性的核心，在于使品牌易于辨识和购买。它可以帮助品牌识别和跨越从顾客心有所属到实际购买这一障碍，不论障碍是大是小。离开了购买便利性，对顾客建立心智显著性的投入在很大程度上是无效的。

我们将购买便利性划分为三个维度：渠道曝光度，这涉及将品牌分销到何处的决策，比如渠道和零售商的选择；渠道相关度，这涉及品牌的产品如何组合搭配的选择；渠道显著度，这涉及如何让品牌在购物环境中更便于被找到。

在第九章，我们还将进一步探讨购买便利性在电商中的情况。

是什么让产品容易买到？

不管是成熟市场还是新兴市场，有一个显而易见但常常被忽略的重要事实是：如果品牌不是可购得的，那就无法被购买。品牌分销和市场份额的关

系显示，市场份额越小的品牌，往往会有更低的分销率以及比分销率更低的购买率。（Wilbur & Farris，2013）

渠道会不断分化，这一点在新兴市场表现得特别显著。新兴市场能够在保持传统渠道强势的同时催生现代渠道（指超市）的发展，还可以跨越式地进入互联网和移动电商时代，如提供从高端奢侈品到家庭日用品的淘宝网。即便在发达国家，网上购物和移动电商也拓展了产品与服务的购买渠道。

向顾客提供更多的购买渠道是一把双刃剑。因为每一个新增选项都将增加渠道快速扩张的成本。基于大型购物广场普遍拥有许多竞争品牌，让品牌获得曝光仅仅是成功的一半，更重要的任务是将每一处的曝光价值最大化，否则那些对顾客建立心智显著性的努力都会白费，因为顾客会转而选择其他竞品。这些困难意味着购买便利性常常被低估，这为那些将购买便利性作为品牌策略核心部分的营销人员提供了机会点。

本章将打造一个便于购买的品牌的基础。我们以曝光度、相关度、显著度三个维度为框架（图 8.1），鼓励你从整体上考虑建立购买便利性。

图 8.1　购买便利性的三个部分

渠道曝光度：　你的品牌在正确的位置吗？

曝光度是购买便利性的基础，是其他事情的前提。在如今碎片化、多渠道的环境下，想要覆盖所有可能的渠道，是不可能的。错误的决策会导致错过机会点或是成本提高，所以，如何才能做出最佳决策？

一个策略是，深入了解顾客购物行为。需要知道品类顾客何时何地会购买，以及商场进行促销的方式与时间，最终将品牌尽可能地覆盖在顾客会产生购买的场合中。简单来说，你要减少品类顾客找不到你的品牌的尴尬场景。记住，顾客通常会有自己可以选择的品牌库，这在高忠诚度的传统市场诸如金融服务、保险业和电信业也是如此。如果你的品牌已经占据顾客的心智，但是缺少购买便利性，那另一个品牌会轻易取代你的位置。

品牌的购买便利性与心智显著性相匹配是一件非常重要的事情。如果一个品牌在北方很有名，然而只是在南方分销，两个市场主导型的资产不匹配，销售情况不好是必然的。尽管这件事情看起来如此明显，很少有公司会对二者的匹配性进行调研和管理。

如上所述，匹配对推出一个新品牌或是进入一个新市场非常重要。面对同一批顾客，理论上品牌必须同步发展购买便利性与心智显著性。然而在品牌生命周期的早期阶段，常常会发生两者失衡的情况，从而大大削弱市场扩张效果。这意味着，假如我们只在圈定的媒体投放地区分销产品，对品牌增长很有益处，这会让我们更方便地匹配购买便利性与心智显著性，降低成本与新品发布的风险。

另一个策略是，在分销产品前，先大范围投放广告。虽然这样肯定会产生一些成本（属于产生销量前的花费），但是在新品上市早期，这样做可以确保产品不会陈列在货架上却无人问津，从而产生下架的风险。

当你的产品是实物产品时，发展分销网络的成本是高昂的，此时如果没有出现在顾客产生购买行为的场合，就会导致销量损失。拓展渠道和零售商能够提高品类购买场景的覆盖率，但是每一次拓展都必须在渠道成本与品牌曝光度的提升之间找平衡。对于服务类产品来说会简单一些，但是在管理不同渠道时依然存在一些额外的成本和挑战，特别是有中间商和技术服务参与其中的时候。我们需要区别销售渠道和服务渠道。

食品杂货类的渠道选择

如果我们了解顾客在大商场的购物习惯，就可以更好地为品牌在商场营销进行优先级排序。在发达国家，成熟的体系意味着超市零售商的路径已经相对稳定。尽管变化的潮流难以阻挡，网上购物和移动电商的发展提供了绕开超市而直接销售给顾客的机会（我们将在第九章讨论更多细节），绝大多数的食品杂货购物还是在传统超市中进行。

在新兴市场，渠道管理呈现出更大的挑战，有如下理由：

- 市场的巨大体量（人口与地域）使得中央分销的模式低效化，因为建立多个分销点会增加成本和复杂性；
- 超市和大卖场的数量急剧增加，需要对顾客和经销商进行相关的培训；
- 现存的传统渠道规模依然巨大，特别是农村地区；
- 电商的出现使得渠道进一步碎片化；
- 对小型社区店的依赖提高了顾客冲动性置换购买的概率，而大多数家庭存储空间并不大。

这些理由构成了一条多样化的、复合的潜在购买便利性道路。

什么情况下，渠道拓展只是增加额外成本却没有获得较大效益？知道哪里是正确渠道，就可以找到真正的潜在购买场景，这对明智地投资与增长都有决定性作用。

实现市场覆盖

第三章我们曾讨论过：同品类内，如何将品牌售卖给相似的顾客。因此，花费时间和精力来识别和瞄准特定类型的顾客群是没有什么价值的——你应该瞄准品类的所有顾客。我们来思考一个与购买便利性相似的问题：不同的渠道或者零售商，有没有将产品售卖给不同类型的顾客？

一项在英国的研究发现，杂货店、音乐商店和专卖店的顾客背景几乎是差不多的。（Kennedy & Ehrenberg, 2001）基于今日不断丰富的购物渠道——主要是线上渠道的增加，还有新兴市场的各种复合渠道，我们不禁要问：会不会有些渠道过度向某个人口密集区域倾斜，而在其他地方不出现？

答案是，有时是对的。零售选址会在很大程度上影响人们的消费选择。因为便利性：人们通常会去方便的地方购物，并且只买他们容易找到的品牌。当某一个渠道很难触达，人们就不会选择它，但是这样的购物行为很容易因商店选址的变化而改变。

举个例子，在南非，小商店和乡镇商店坐落在低收入、低教育层次人群集中的地区。客流质量也在小商店和乡镇商店的顾客基础中有所反映，这些顾客很少会去超市购物。

假如有一家超市坐落在同样的区域，会发生什么？

这样的情景真实地发生在索维托，约翰内斯堡的一个低收入社区。2010年前，小商店和乡镇商店是索维托唯一能购买日用品的地方，距离最近的超市有一小时车程，这意味着当地的主要消费需求已经由小商店和乡镇商店满足了。然而在 2010 年，马蓬亚购物中心在当地开业，为顾客提供了 Pick 'n' Pay（南非大型连锁超市）和一些其他的选择。让我们来看看顾客的购物习惯是如何改变的？

当年，索维托的顾客并没有立即因为 Pick 'n' Pay 而抛弃小商店——仍然有 60% 的顾客选择在小商店购物。但是两年后，Pick 'n' Pay 在索维托的渗透率已经可以与约翰内斯堡南部的富人区相媲美了（索维托：69%；约翰内斯堡南部：70% 。数据来源于 2012 年南非国家广告局的调查）。索维托的顾客将 Pick 'n' Pay 纳入了自己的购物目的地并且在更多的渠道进行购物。Pick 'n' Pay 地理位置方便，自然成为其中之一。

商场地理位置的便利性比它的类型更加重要。覆盖意味着能在不同地方接触顾客，所以说，了解哪类人在特定区域内居住，比起关心哪类人在超市购物重要得多。任何人都会在某一个渠道或零售商购物，但是这只有在他们能够方便触及的时候才成立！

当我们在界定电商顾客时，互联网的触手可及性非常重要，尤其在新兴市场：只有能够上网的人才能进行网上购物。当网络在收入和教育层次较低的农村地区尚未完全普及的时候，网上购物的主力也是那些高收入、受到良好教育的人和年轻人。虽然电商可能不能覆盖所有顾客，但它仍然是一个高速增长的渠道，并且（现在或将来）会影响品牌整体的购买便利性。

渠道多元化的世界

购买食品杂货是大部分人每天生活的一部分，包括食品、饮料、家居用品以及个人护理品这些需要不断补充的消费品。基于城乡基础建设与社会服务的巨大差异，每一种渠道的渗透率和重要性在不同的国家和地区都不一样。的确，现代渠道已经遍布世界各地的城市地区，不同国家的城市顾客可能在购物行为上有更多的相似之处，比如北京和圣保罗之间的相似点可能比中国或巴西城乡之间的相似点多得多。

　　当更多的购物渠道出现时，人们会将它们纳入购物目的地而不是完全从一个转向另一个。因此，渠道分化意味着人们有机会在更多的渠道进行购物。表8.1展现了不同渠道在10个新兴国家中城市的互联网顾客购买日用品时的渗透率，可以发现，无论哪个国家，多渠道购物都是一件稀松平常的事情。这告诉我们，多渠道战略对建立购买便利性是极其重要的。

表8.1　2014年10个新兴国家中城市的互联网顾客购买日用品的渠道（%）

国家	超市/大卖场	区域/传统市场	小型商店/便利店	网上购物
巴西	98	90	71	39
中国	98	90	88	88
印度	95	95	92	58
印度尼西亚	90	93	95	34
肯尼亚	62	95	69	14
墨西哥	97	89	90	28
尼日利亚	66	93	82	30
俄罗斯	96	71	83	34
韩国	83	83	82	69
土耳其	99	90	45	40
平均	**88**	**89**	**80**	**43**

我们通过观察城市顾客在不同渠道购买食品杂货的金额占比（表 8.2）发现，在新兴市场，超市/大卖场在食品杂货购物中的主导地位表现得非常明显。不同国家的差异性也很显著：在尼日利亚和肯尼亚，占主导地位的渠道是区域/传统市场；而在印度和印度尼西亚，超过 30% 的顾客在区域/传统市场或小型商店/便利店购买食品杂货的支出最大。表格还突显了一点，在韩国和中国，网上购物已经成为食品杂货的主流购买渠道。然而即便是在城市，以互联网顾客为主的群体中，传统的购物方式仍然没有消亡。

表 8.2　2014 年 10 个新兴国家中城市互联网顾客在不同渠道的食品杂货购买金额占比（%）

国家	超市/大卖场	区域/传统市场	小型商店/便利店	网上购物
巴西	82	16	2	1
中国	83	9	2	6
印度	63	25	8	4
印度尼西亚	67	16	16	1
肯尼亚	30	61	5	1
墨西哥	84	10	5	1
尼日利亚	32	54	10	2
俄罗斯	76	10	12	1
韩国	70	11	6	10
土耳其	84	4	2	1
平均	**62**	**22**	**7**	**3**

注：部分国家四项数据的总和并非 100%，因为部分花费在其他渠道上。

虽然现代渠道在新兴市场的高速发展已经广为人知，营销人员依然需要协调传统渠道（传统市场和摊位）和新兴渠道（网上购物和移动电商），从而确保产品可以持续成功地触达相关品类的购买场景。

新兴市场：从哪里起步？

如果希望进入一个新兴市场，一定要从便于管理、重要性不断提升和广为人知的现代渠道（包括大卖场、超市、便利店和购物中心）开始运作。假如该市场的大多数人口都居住在农村地区，并且你希望他们来购买你的产品，这里有三个选项：

● 发展与小型商店的关系。你需要雇佣一些当地的销售专家来教育当地销售团队并且调整产品组合。如果在巴西或南非售卖巧克力，你会想成为当地小商店里唯二或唯三的品牌之一。

● 创造自己的市场渠道。例如，如果想在尼日利亚卖洗衣粉，你可以建立一个社交关系网来告诉顾客洗衣粉的好处，同时销售产品。虽然需要很多资源，但这种方法可以有效帮助那些需要通过展示来获得新顾客的品类。

● 通过电商来寻找机会，提高覆盖率，跟紧潮流。

基于城市化进程和零售业的预计发展，通过现代渠道和商场来实现购买便利性是非常必要的，而小型商店和网上购物的相对重要性则根据不同的国家和产品细节来具体讨论。如果在中国，不进入阿里巴巴销售就意味着失去了一大部分的潜在销量。如果在印度，不进入小型商店则意味着品牌处于劣势。

购买行为法则

渠道帮助我们理解更广的零售业结构，但是顾客往往在零售店铺购物。在不同的零售商和渠道里，人们是如何购物的？直接的答案是，顾客对于零售商的选择和对于品牌的选择如出一辙。[①] 下面是一些例子：

---

① 关于发达国家和新兴市场购物行为模式领域的研究，参见 Uncles & Ehrenberg（1990）、Uncles & Hammond（1995）和 Uncles & Kwok（2009）的相关研究。

- 在一个品类里，顾客通常有好几个会去的零售店，他们很少会100% 忠诚于某一个零售商、渠道或商店。

- 零售商渗透率和忠诚度之间的关系也反映了双重危机规律。

- 零售商之间的竞争遵循购买重合规律，与竞品在规模上进行竞争。一般来说，一个零售商与大零售商的共同顾客会比它与小零售商的共同顾客多。

- 店与店之间有一些结构上的区别（设计、价格政策和地点），对渗透率和忠诚度之间的关系有一些影响，而一些特定竞争者的相对重要性，让零售商之间的竞争要比品牌之间的竞争更加复杂。因此，规律可以提供处理一般情况的框架，我们可以利用这些框架去寻找一些特例，从而在建立购买便利性的同时有更好的选择。

四处购物

顾客通常会四处购物，不会局限在一个渠道，更不用说一个零售商。零售杂货渠道的市场忠诚度和其他品类相似，很有可能低于50%，也就是说，任何一个商店的顾客实际上会更多地在其他商场购买商品。

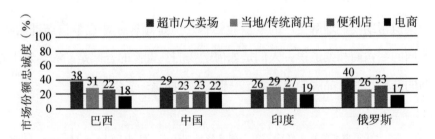

图8.2　印度、中国、俄罗斯和巴西互联网顾客对杂货零售渠道的市场忠诚度（2014）

图 8.2 中，我们看到了这种情况在 4 个国家（印度、中国、俄罗斯和巴西）的体现。对这些国家互联网顾客的调查表明，渠道的市场份额忠诚度平均为 30%，也就是说，70% 的食品杂货购买发生在其他渠道。

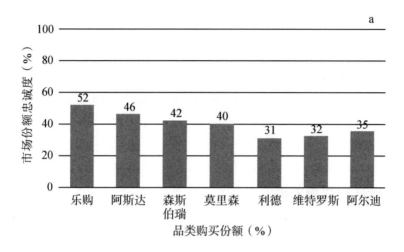

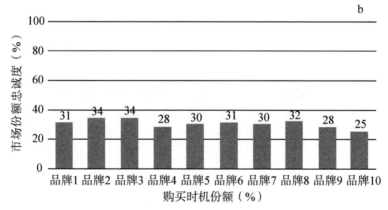

图 8.3　咖啡购买（a）在英国超市的零售商市场忠诚度（2014）

和澳大利亚（b）零售商婴儿用品购买情况（2013）

数据来源：Kantar Worldwide Panel UK and Ehrenberg-Bass Institute survey

图 8.3 中，我们看到速溶咖啡在零售商层面的销售情况与此类似，没有很高的市场忠诚度——从乐购的 52% 到利德的 31%。人们在超市的支出是很分散的。另一个例子来自澳大利亚的婴儿用品零售商，大家可能会觉得这个品类会有更高的零售商忠诚度，因为在购物过程中顾客会建立起对渠道的信任。但我们看到，其市场忠诚度出现了类似的情况——25% 到 34%，人们在多个门店购买婴儿用品。

覆盖多个零售商和渠道能帮助建立购买便利性，因为很少有人只去一个门店购物。

零售商选择的双重危机

渠道和商店的选择遵循双重危机规律。那些顾客更少的渠道，顾客去他们店的频率也越低。（表8.3）由图8.4我们看到，在英国，那些渗透率较低的超市，顾客的回头率也较低。

表 8.3　墨西哥互联网顾客购买食品杂货渠道选择的双重危机（2014）

渠道	每月顾客（%）	购物频率（一个月内）
超市/大卖场	97	6.2
便利店	90	5.4
区域/传统渠道	89	5.4
折扣商店	65	5.0
网上/手机购物	28	4.6
平均	74	5.3

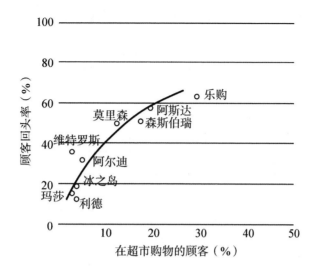

图 8.4　英国超市购物的双重危机

　　双重危机规律让我们能够正确地理解不同零售商和渠道的购物数据。它揭示了基于顾客基础的规模，什么是正常的水平，哪里的零售商获得了比他们正常水平更高或更低的市场忠诚度。

　　双重危机规律的一个重要方面是，顾客的基础结构让渗透率低的门店变得愈发没有吸引力，这跟选择渠道和门店息息相关。低渗透率的门店顾客更少，顾客很少在这些门店购物，并且通常会倾向于在更多的门店购物，所以其他更受欢迎的门店很容易触及他们。

　　当然，一些形式上重要的区别会影响顾客的选择，但这种影响并不像我们想象得那么大。让我们看看南非，从大卖场到街角小店，整个零售业态非常复杂。如果按照类型将零售商予以分类，我们可以看到双重危机规律在每一个类别中都成立。（表 8.4）并且，所有的数据都和门店的数量紧密相关。

表8.4　南非顾客购买食品杂货渠道和零售商选择的双重危机规律（2012）

渠道	门店数量（大约）	每月的顾客比例（%）	购物次数份额（%）	定期购物的顾客比例（%）	花费最多的顾客比例（%）
超市					
Pick 'n' Pay	500	45	17.4	73	54
Shoprite	350	43	14.2	71	56
Checkers	275	31	10.5	70	40
Wooolworths	300	14	4.7	70	16
U Save	250	2	1.1	73	28
Checkout	20	2	0.7	69	23
OK Foods	30	1	0.7	69	25
平均	**251**	**20**	**7.0**	**71**	**35**
大型综合超市					
Pick 'n' Pay	20	24	7.5	63	56
Checkers	30	14	3.7	58	48
Makro	20	3	0.5	29	28
平均	**23**	**14**	**4.0**	**50**	**44**
当地小型超市					
Spar	500	32	20.8	82	29
Spaza store	many	10	14.2	98	2
Township Supermarket	many	4	3.3	90	6
平均	**—**	**15**	**13**	**90**	**12**

来源：全国广告局调查，2012

　　我们看到一个明显的个例：Woolworths 是一个高端超市，只有小部分的顾客在那里进行高额消费，而那些很小的商店，尽管访客数量多，但是很少有人把它作为主要购物商店。小商店的这种情况有一部分原因是其经营范围小，另一部分原因是各大超市和大卖场在这些区域迅速渗透。

低渗透率的门店相对高渗率的门店而言，真正的优势在铺货上，你可以通过低价谈到更好的陈列展示，或者在门店的线上广告活动中得到强势的品牌露出。

购买重合规律

顾客不会对哪一个渠道或零售商绝对忠诚，那么，他们还会去哪些其他零售门店购物呢？让我们回到购买重合规律，看看在今天的零售环境里，零售商们是如何争夺顾客的。

Uncles 和 Kwok（2008，2009）在中国的超市购物中发现了购买重合规律，Cohen 及同事在葡萄酒零售业也看到了类似的情况（Cohen, Lockshin & Sharp，2012；Lockshin & Cohen，2011），这个规律在英国零售业同样成立。（表8.5）在英国超市行业，基本上每个超市和乐购（最大的零售商）之间重合的顾客比和利德（大折扣超市）或维特罗斯（小而高端的店）重合的人数多。高端超市（维特罗斯和玛莎）之间有更多的重合顾客，大折扣超市（阿尔迪和利德）也是如此。出人意料的是，很多玛莎和维特罗斯的顾客也是阿尔迪和利德的顾客。

表8.5　12周内英国食品杂货零售商的重合顾客情况（2012）

门店 （按渗透率排序）	同时在其他店购物的顾客（%）								
	乐购	阿斯达	森斯伯瑞	莫里森	玛莎	冰之岛	阿尔迪	利德	维特罗斯
乐购		48	48	38	26	26	23	25	15
阿斯达	67		45	44	23	28	30	26	10

（续表）

门店 （按渗透率排序）	同时在其他店购物的顾客（%）								
	乐购	阿斯达	森斯 伯瑞	莫里森	玛莎	冰之岛	阿尔迪	利德	维特 罗斯
森斯伯瑞	70	46		39	33	23	23	25	22
莫里森	65	54	46		29	27	29	28	14
玛莎	70	45	63	46		25	24	25	29
冰之岛	74	57	46	46	27		38	34	13
阿尔迪	68	63	48	49	26	38		39	11
利德	75	56	52	49	28	36	41		18
维特罗斯	71	35	74	39	50	22	18	29	
平均值	**70**	**51**	**53**	**44**	**30**	**28**	**28**	**29**	**17**

来源：埃伦伯格-巴斯营销研究院调查（未发表），2012

我们在南非的大型超市看到了同样的情况。（表8.6）大部分其他大卖场的顾客也是 Pick'n'Pay 这种顾客多的大卖场的顾客，同时，Makro 这种顾客较少的卖场的顾客也较少。

表8.6 一个月内南非大型超市重合顾客的情况（2012）

门店（按渗透率排序）	同时在其他店购物的人（%）		
	Pick'n'Pay	Checkers	Makro
Pick'n'Pay		23	4
Checkers	41		6
Makro	34	26	
平均值	**37**	**24**	**5**

来源：全国广告局调查数据，2012

如果将视野拓宽到单一类商店之外的领域，即更复杂的零售环境，包括大型超市、超市和小型商店，这个法则是否依然成立呢？答案大概是肯定的（参见表8.7最后一行的平均值所示），但是在顾客重合上有较多过量或不足的实例，这跟商店类型和价格策略有关。

从表8.7中我们可以看到以下情况：

- 那些服务低收入地区的门店（小商店、乡镇超市和Shoprite）重合的顾客比预期的多。

- 以Pick'n'Pay和Checkers为例，这两个超市的顾客较少在大型超市购物（反之亦然）。这可能是由于商店的位置原因，很少有一个品牌在同一区域拥有超市和大型商场。

- Woolworths这种高级零售商的顾客更有可能在主流超市（Pick'n'Pay，Checkers）购物，而很少会在大型折扣店Shoprite购物。

表8.7　一个月内南非日用品零售商的重合顾客情况（2012）

门店 (按渗透率排序)	同时在其他店购物的顾客（%）												
	Pick 'n' Pay super	Shoprite	Spar	Check super	Pick 'N' Pay hyper	Wool-worths	Check hyper	Spaza Shop	小镇超市	Makro	U Save	Chec-kout	OK Foods
Pick 'n' Pay super		36	32	34	9[+]	17	10	8	3	3	1	1	1
Shoprite	38		24	21	17	6	7	18[*]	7	2	4	3	1
Spar	45	32		32	21	16	12	5	2	3	2	2	2
Check super	50[*]	28	32		22	18	6	5	2	4	2	2	2

（续表）

门店 (按渗透率排序)	Pick 'n' Pay super	Shoprite	Spar	Check super	Pick 'N' Pay hyper	Wool-worths	Check hyper	Spaza Shop	小镇超市	Makro	U Save	Chec-kout	OK Foods
Pick 'n' Pay hyper	17+	31	28	29		18	23*	8	4	4	2	1	1
Woolworths	54*	18+	35	40*	31*		17	4	1	6	1	1	1
Check hyper	34	22	28	14+	41*	18		3	1	6	1	2	1
Spaza Shop	37	77	16+	15+	20	5	4		21*	2	6	2	1
小镇超市	38	75	14+	13+	21	5	5	51*		2	4	1	1
Makro	46	27	34	36	34*	27*	26*	5	3		1	2	1
U Save	25+	64*	25	20	15	5	5	25*	6	2		8	4
Checkout	26+	63*	26	26	14	7	16	10	2	3	9		1
OK Foods	23+	31	45*	37	19	11	12	10	2	2	7	2	
平均值	36	42	28	26	22	13	12	13	5	3	3	2	1

同时在其他店购物的顾客（%）

* 高于平均值10% 以上

+ 低于平均值10% 以上

来源：全国广告局调查数据，2012

然而这些偏差并不影响主要规律——顾客重合度和市场份额保持一致。以 Checkers 超市为例，它的顾客群体也会惠顾其他的商店。每个月，50% 的 Checkers 顾客会光临 Pick 'n' Pay 超市，28% 的顾客会光顾 Shoprite，32% 的顾客会前往 Spar，22% 的顾客会去 Pick 'n' Pay 大型市场，18% 的顾客会在 Woolworths 购物，6% 的顾客会光临 Checkers 大型市场，还有 8% 的顾客会前往 Spaza 商店。只有非常少的 Checkers 顾客会惠顾独立超市 Checkout，或者去只提供必需品的廉价连锁超市 U Save，然而几乎没有其他零售商的顾客群会去这些零售店，因为它们太小了。

零售商如何增长?

顾客购买行为的基本法则也适用于顾客如何去选择和惠顾商店，这对于零售商的增长有什么意义呢? 它们的增长靠的是获得更多的顾客群体，但其中的大部分很少前往商店。

顾客前往零售商店购买的频率分布图清楚地表明了这一原理。它遵循着与品牌购买一样的负二项分布。在任何一段时期，顾客群体都是由大量的轻度顾客与新顾客、少部分重度顾客构成。我们可以看到，负二项分布也适用于下图中的大型商场、高端杂货店和折扣店。

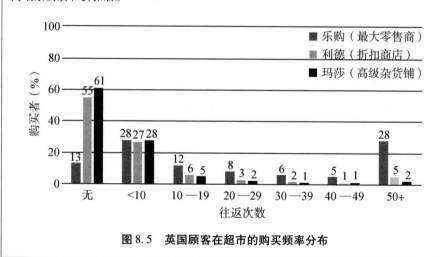

图 8.5　英国顾客在超市的购买频率分布

做好渠道服务： 销售 VS 服务

在服务上，要考虑两方面的呈现形式：一是要出现在顾客要购买的时候，二是每天都出现——让顾客很容易与品牌产生互动。尤其对于新顾客来说，具体可见的服务相当有价值。这可以体现在零售门店或者分部，以及由经纪人或中介机构代理。当然，线上渠道也是一个有价值的选择，它能给顾客提供便捷的购买体验。

本着削减开支的目的，许多银行宣布将要削减（高开支的）分行数量，并将顾客移至网络或者 ATM 机处进行交易。虽然这些举措减少了对老顾客的服务成本，他们也很高兴不用再为每一笔交易跑银行，但这样的话，银行很难向新顾客销售产品。

2013 年，Bain & Co. 在针对 27 个国家的银行顾客忠诚度的报告中强调了销售与服务渠道的区别。当顾客更多地通过网络、手机或者平板电脑完成业务操作时，分行主要承担着新顾客的开通业务。只有德国和荷兰的银行分行有足以与线上服务相匹敌的服务额。

本书第一章说明了银行如何不能靠忠诚度来实现增长，而是获客至关重要。也许金融服务市场将演变为线上出售金融产品，但如果一个银行在顾客偏好上走得太超前，那么，它可能早在这种进化发生前就已经不存在了。区分销售渠道和服务渠道对于购买便利性的综合管理来说至关重要。

心智显著性意味着品牌会被顾客想到，如果想让顾客真正去买，购买便利性必不可少。如果没有显而易见的分部、电话号码或网址，即使你的品牌拥有较好的心智显著性，也会被顾客从他的品牌选择列表中删除。潜在顾客通常不会告诉你这一点，他往往忽略了刚发生的事情。（这就是问题所在！）

购买便利性还可以提高品牌被选中的可能性，正如在同一份为选择新银行理由排行的 Bain & Co. 报告里所强调的。排行榜包括通常的服务费用、利率和产品特征。除此之外，排行榜也有与购买便利性相关的分行位置、网上服务和 ATM 机地点。除比利时之外的每个国家或地区，都至少有一个与购买便利性有关的原因排在前五。（表8.8）

表8.8　各国（地区）选择新银行所考虑的前五个购买便利性因素

分行网点	线上服务	ATM 机地点
阿根廷	智利	阿根廷
澳大利亚	中国	智利
加拿大	丹麦	中国
智利	芬兰	德国
中国	法国	中国香港
德国	德国	印度
中国香港	中国香港	印度尼西亚
印度尼西亚	印度	意大利
日本	印度尼西亚	日本
墨西哥	意大利	墨西哥
荷兰	日本	芬兰
俄罗斯	芬兰	波兰
新加坡	挪威	德国
韩国	波兰	新加坡
泰国	西班牙	韩国
美国	瑞典	泰国
	英国	美国

渠道相关度：品牌的可购买性高吗？

建立购买便利性意味着要创造出让顾客能够或想要购买的产品形式。这并不是说，你要依据特定的细分顾客群去匹配相应的产品，而是要创造出能够覆盖诸多购买场景的产品线。但是要考虑一下覆盖成本，这很重要，因为这意味着要从一系列可能选项中挑选出优先选项。有两个办法可以帮到你：第一，描绘出该品类的产品线，先画出品类当中能够覆盖所有关键购买场景的产品线都包括哪些；第二，检查一下如何消除购买障碍，使品牌更容易被购买。

描绘该品类的产品线

画出品类的产品线有助于品牌了解品类顾客在各个购物场景下都购买了什么产品？

在设计自己的品类或者服务组合时，要考虑如下特点：

- 可以选择全部都做——因为市场规模很重要，所以，拥有能卖给很多人的品类系列是非常关键的；
- 可以选择只做人气增长很快的产品类别（比如胶囊咖啡）；
- 可以选择做某个区隔子市场的产品类别（本书第三章所提到的区隔标准），从而随着市场发展而保持竞争优势；
- 避免在任意单一领域过度投资和过度消耗，尤其在顾客群较小的小众高端品类（例如提供三种类型的美白牙膏）。

然后，你要尽可能地覆盖所有相关的购买情景，并充分利用未来的品类市场增长空间，同时，应当避免在小众市场过度投资。当一个品牌无法覆盖所有产品类别时，你可以做新品牌。与此同时，渠道会对产品的可存储性与可购买性有一定要求。比如，大型超市要求有不同的产品规格和形式，就像小型商店的顾客购买频率非常高；网络购物可能只提供简单的金融产品，而复杂的金融产品则需要销售人员与顾客互动。

消除购买障碍

购买便利性意味着要消除顾客的各种购买障碍，你可以从如下几个方面入手：

- 提供不同的产品规格——拥有从大批量购买到一次性使用装的各种规格，供不同购买环境下的顾客选择。比如在新兴市场，一次性使用的小香袋，单买价格则偏贵，因此，可以偶尔做些优惠活动来开发潜在市场。小规格的产品对于没有车的顾客来说更容易运输。但在运输条件方便的情况下，大包装的产品对于多人口的家庭来说更具有吸引力。

- 提供不同的价格档次——顾客并不是全都只看价格，而是从众多产品中选择自己可用的。（Romaniuk & Dawes，2005；Scriven & Ehrenberg，2003）有些顾客在该品类中随意花钱，而有些人在该品类上花费很节约，为这两种人都提供选择很有必要。不同的购买场景也需要设置不同档次的价格——一瓶用来与同事庆祝胜利的晚宴酒和与朋友在家畅饮的酒是不一样的。最后，在新兴市场，提供不同的价格档次能够吸引那些低收入及收入不稳定的顾客。

● 提供更多的支付方式——想要买和有能力买是不一样的，而支付方式的灵活性是消除购买障碍的一种方法。顾客可以通过分期付款计划、信用卡服务和手机移动支付的方式轻松办理业务。比如，为了扩大印度市场份额以及克服作为一个激励人心的品牌，与许多低成本竞争对手竞争的初始支出障碍，苹果公司与沃达丰合作，为包括 iPhone6 在内的所有产品提供按月分期付款计划。(Economic Times，2015)

在新兴市场，收入、货币来源的安全性以及不稳定的基础设施等体制因素会阻碍顾客的购买行为。在这种情况下，你需要创造性的思考，品牌能给市场带来什么，从而使顾客购买之路变得通畅？以下例子是比较有创意的消除购买障碍的方法。

针对那些收入不稳定所造成的购买障碍

无法预测的收入对购买非必需品造成了心理阻碍。为了克服这一障碍，在越南市场上，口香糖可以一片一片地买而不是整盒购买。这些人可以享用当下的口香糖，而不用为一周之后的伙食费和其他支出而顾虑。

针对那些交通拥堵所造成的购买障碍

在中国的城市，交通拥堵已经成了生活常态。2011 年，由 UBS 出台的报告显示，北京车辆以 12 千米/时的龟速前进，上海车辆的前进速度为 16 千米/时，而广州车辆的前行速度为 17 千米/时！即使是最忠诚的顾客，在这样的交通环境下出去购物也是相当艰巨的！而京东和 COD 电子零售商用骑自行车的速递员来送货，比自己去商场购物要快得多。

> **针对那些缺乏银行设施所造成的障碍**
>
> 在肯尼亚，一个购物的关键障碍在于，没有用来存取款的银行设施。为了解决这一问题，肯尼亚的移动信息服务并不是按照分钟或者短信形式付费，而是按照当地的货币来付费。你可以去当地的超市，用肯尼亚先令为移动支付 M-pesa 充值，通过通话时间给供应商付款。
>
> 这为付款带来便捷性和安全性的同时，给零售商带来了便利。它可以在家庭成员之间互相转账，从而平衡每个人之间的收入差额。

渠道显著度： 你的品牌容易被发现吗？

一个品牌是否被曝光十分重要，同时要容易被找到。容易被买到就意味着容易被找到。一个品牌在所有门店都有曝光度，而且有很多可供购买的选择，那么，如果它很容易被找到，这些曝光度就能够被更好地加以利用。

在零售市场环境，你的品牌身处一片混乱的竞争当中。混乱的购物场景（比如身边走来走去的其他人、网站广告、商场或街道里其他分散注意力的东西）会让顾客很难进行购买选择和行为。

事实上，我们很容易低估顾客在购物中体验到的混乱程度。为了让大家明白这种体验，你可以在不同的购物环境中选择你平常不使用的产品类别看看。比如你可以在淘宝上搜索威士忌，一共出现了 48 页多的选择，而且每页都有大约 48 种选择。除了主页上的品牌之外，右侧一栏还会出现 14 个做营销活动的产品。而第一页就有 20 多种品牌可供选择，其中的每一个品牌都在相互竞争，并争夺顾客的眼球，这对于大多数威士忌顾客来说已经足够多了。如果进入一家酒类商店，有多少威士忌品牌可供选择呢？而在那些出口免税店里，你更像进入了威士忌品牌的海洋。

在不同渠道和不同的商场，这些杂乱的信息环境都不一样，所以，品牌需要出众到不管在任何环境下都会被顾客发现的程度。比如，一个包装也许能使产品在商店里卖得很好，却并不意味着也能在购物网站上的平面图片上突显出来。

很多商场都为品牌提供了很多曝光形式（有时花费不小），从而使品牌在购物场景里更为显著。这时，明智地使用视觉独特性资产（见本书第五章）可以帮助你的品牌更快速地被看见。这些资产可以帮助品牌在购物场景中以更显眼的方式建立购买便利性。（Romaniuk & Hartnett，2010）

心智显著性可以使顾客主动搜寻你的品牌，品牌的独特资产能够帮助顾客找到品牌。即便当时顾客对品牌并未产生心智显著性，但强大的视觉独特性资产可以在竞争激烈的商业环境中率先吸引顾客的注意力。

这里，我们必须强调一个危险但又普遍的想法：为了吸引大家的注意力，品牌应该使用怪诞醒目的颜色、外观和噱头，以不断变化的形式来显示其独特性。有些人认为这就是与众不同，这种想法很容易导致一些危险的行为。比如频繁更换包装，让你的产品看起来不属于这一类别，不经意间，你的产品成了"四不像"。因为这些做法很少能吸引顾客的眼球，反而降低了顾客对品牌的识别度，因为顾客更善于筛选出他们不需要的物品。

你想要的是出众，而不是奇特。

结论

为了建立购买便利性，你可以从以下三个方面入手：曝光度 ——如何将品牌覆盖到购买发生的地方和时间中去；相关度——如何将品牌覆盖到大市场、区隔市场和发展中市场，（在可能的情况下）如何解决购买过程中的障碍；显著度——品牌是否容易被顾客找到。

为了使产品更好地呈现，务必记住你的目标是尽可能覆盖更多的购买场景。为了实现这样的覆盖，你需要记住以下几点：

- 顾客通过各种渠道来购物。随着可用的渠道越来越多，他们倾向于增加渠道而不是转换渠道。因此，单一渠道不大可能在市场上占据广泛的覆盖率。
- 购买渠道便利性是购买模式中最具驱动力的因素。不是说人们有差别，而是说，顾客位置的便利性让他们的行为更独特：改变了购买渠道便利性，也就改变了购买行为。
- 双重危机规律和购买重合规律适用于购买渠道与零售商，只是在结构方面有些许调整。有众多顾客的商场，顾客到访频率也更频繁，并且与其他商场重合的顾客更多，而惠顾小商场的顾客很少是该商场的独家顾客。

对于服务业来说，比如银行、保险业和电信服务业，既要在渠道分销上投资，又要在服务上下工夫。

为了提高品牌和购物场景的相关性，在设计产品线和服务组合时，要考虑的是不同的购物场景而非不同的顾客。因为在同一个品类当中，顾客总是在许多不同的购物场景里进行购买，所以最理想的产品形式和价格应该是根据场景来变化的。所以，与其说是细分市场策略，不如说是品牌组合策略。

在新兴市场，需要考虑顾客购买障碍，有些障碍和产品本身无关。比如说，加快更新速度，提升支付安全性，可能都能化解购买障碍。

最后要记住，仅仅做在渠道内的曝光度和相关度还远远不够，品牌还需要和竞争对手以及纷杂的购买环境竞争。因此，品牌的曝光质量很重要，在购买渠道中建立显著性，对任何一个品牌都十分重要。视觉独特性资产可以帮助顾客和零售商发现这一品牌，并且让品牌好不容易得来的（通常也昂贵的）曝光度发挥出最大效果。

第九章

网购真的不同吗?

玛格达·南希-泰尔　珍妮·罗曼纽克

电子商务在迅猛发展，网上购物（和手机购物）为购物带来了极大的便利，触及人群更多，覆盖领域更广，为人们提供了众多产品选择。毋庸置疑，电商是目前增长最快的销售渠道——小到基础日用品，大到车子、房子，销售物品应有尽有。但电商渠道的拓展意味着换了一个渠道领域在竞争，品牌线下优势未必会转化到线上的购物环境中。品牌什么时候应该将电商作为一个渠道优先予以考虑？电商为购买便利性带来了哪些变化？如何最大化地利用线上业务？本章将讲解线上环境如何影响顾客的购物行为和选择，以及如何影响你对线上渠道的决策。

电商增长

世界各地电子商务的发展趋势是明朗的：线上购物和移动购物的销售额都在上升。2015 年，预计有超过 60% 的美国家庭在网上购物，网购总人数超过 2 亿。（Statista，2015）2015 年，英国的网上零售额预计可以达到 522.5

亿英镑。(Moth,2015)

但是电商领域真正的增长在新兴市场。网络世界可以将产品提供给无法在实体店购买到物品的那些人。据预测,2020年,中国的电子商务市场将大于美国、英国、日本、德国和法国的电商市场总和。(KPMG,2014)而加剧电商市场增长的是大型电商平台,例如天猫。阿里巴巴集团的天猫触达的顾客多于所有实体店,它只是中国众多电商企业之一,还有例如京东、亚马逊中国、当当网、易迅网、一号店和苏宁易购等。这些电商企业都在努力加快布局中国零售市场的步伐。中国只是一个例子,令人惊讶的创新也在其他国家发生了,比如英国的网上食品零售商奥凯多的虚拟购物墙能实现用手机扫描首尔地铁的条形码进行购买(Mccormick,2011),或是在肯尼亚和坦桑尼亚这些发展中国家使用最先进的移动终端支付系统。

网购打破了地域的限制,并为我们提供了创新的支付方式——当天到货或者便捷的快递送达,当然,除此之外还有更大的选择空间。数字领域的商业创新也挑战了传统零售商对商业模式以及商业价值的定义。

JUMIA——无论在哪儿,一切皆有可能

缺乏基础设施是新兴市场中稳固分销面临的一个关键问题。缺少有用的分销渠道、运输和存储网络,再加上电力和水之类的基础设施服务不到位,为提供购买便利性带来了挑战。尼日利亚就是因基础设施的短缺从而市场潜力受到抑制的典型例子。

面对这一挑战,两个巴黎商学院的年轻毕业生——Jeremy Hodara 和 Sacha Poignonnec 创造了一个类似亚马逊的零售渠道——Jumia,在这一渠道上面,顾客能够买

到任何东西,能以多种方式支付,并且能在下单的第二天就收到产品。

为了实现目标,Jumia 不仅需要提供网店惯有的好处(覆盖的范围、便捷的物流、支付的方式),还要开发它所需要的基础设施。Jumia 建立了自己的配送系统,从而弥补北非糟糕的邮政服务。为克服银行业基础设施的缺乏,Jumia 开发了自己的支付系统来满足网上购物所面临的交易风险、不同收入水平及用支付卡交易的各种需求。Jumia 现在覆盖了尼日利亚、埃及、摩洛哥、肯尼亚和科特迪瓦。

真的进入无边界的购物天堂了吗?

假设线上渠道不受地理位置的束缚,在硬件基础设施不到位的情况下,网购为品牌顾客提供了一个购买的选择。部分网店的价值主张是网店不需要建立实体店的成本,实际上,如果顾客不来找你购买,你就得去找他们。销售产品依然离不开物流配送,考虑到地理位置的情况,在有效控制成本的情况下为顾客提供高效的快递服务,对网购来说仍然重要。

成熟市场很少有真正存在物流问题的地方,即使在德国、英国和美国的小村庄也能享受到快递公司的日常服务。网上购物攻克了某些区域及农村地区过去选择少及价格偏高的问题。(Bell,2014)但是在新兴市场,农村地区仍面临着物流成本高、难以送达、网络覆盖少的问题。当网上购物可以解决这些问题时,农村就成为电商蓬勃发展的新兴市场。阿里巴巴已经认识到农村庞大的人口数量且互联网顾客的上升数量,他们把服务农村顾客放在发展战略的优先位置上。(Sugawara,2014)像联合利华这样的快速消费品公司正在寻找 3D 打印机技术来克服供应链问题,但是解决这些问题仍然需要强大、

持续的资源，而很多农村缺乏这些资源。（Joseph，2015）

你需要进入线上渠道吗？

是否要将线上渠道添加到你的销售渠道中，首先需要考虑的是，如果品牌不在网上销售，（现在和不久的将来）会错过多少该品类的购买机会？你会错过多少在金钱、时间和战略规划上的投资机会？这涉及两个环环相扣的因素：国家或地区电子商务的发展情况和你经营的产品类别。

首先，各国的电子商务成熟度差异很大。随着产品品类数量的不断增加，中国的电商成为越来越大、越来越成熟、越来越重要的渠道：零售商规模大且集中，物流系统完善，运输系统便捷高效。要在中国获得市场份额，就要将电商作为主要考虑的平台，要是没运营好这个平台，就意味着会失去许多购买场景。电商是个不错的机会，避免了建立实体店的复杂。但是在印度，电商仍处于起步阶段，面临着税收、小包裹运输的成本、支付的安全性、顾客的接受度等方面的挑战，这是在进入市场前需要考虑的问题。

其次，某些品类在网上销售比在其他渠道会好，例如，2013 年的前 3 个月，中国超过 80% 的网购者在网上购买了服装及配饰，相比而言，55% 的人购买了饮料和快速消费品，30% 的人购买了婴儿用品。（Nielsen，2014）如果你在中国卖的是服饰，电商是重要的销售渠道，但如果卖的是巧克力或饮料，实体渠道是更好的选择。

如果确定线上渠道是个可行的选择，将你的部分产品放在网上是非常好的一个开端，但还要关注你的产品或服务是否具备以下特点：

- *网购产品或服务能给人带来舒适的购物体验。比如，在网上购买汽车*

保险或许是个不错的体验，因为这是一个简单的交易，但是，人寿保险最好以面对面或电话沟通的形式来销售。除此以外，网购对一些保质期短的产品也有所限制（例如牛奶或酸奶），但对于保质期长的乳制品完全没问题。

- 网购产品或服务能使网购者直接受益。例如，一些笨重且体积大的日常消费品（狗粮、尿布、卫生纸）能送货上门，很吸引人们在网上购买。

线上渠道有何不同？

首先，谁会网购？研究表明，网购者大多数是年轻人，他们的受教育程度和收入水平普遍较高。（Nielsen，2015）这个结论与互联网重度顾客的分布情况不谋而合。尤其当网购的渗透情况远没有饱和时，那些上网更频繁的人更可能网购。

快递服务通常是网购的一部分，而且很吸引那些不方便出门的人，例如无车一族、新婚家庭以及会上网的老年人。最近，线上购物、线下提货的新模式让人无须在指定时间等快递上门，进一步扩大了网购的顾客基础。

关于在线百货购买情况的研究表明，同一家超市线上顾客与线下顾客重合率很高（大约66%）。（Dawes & Nenycz-Thiel，2014；Melis 等）乐购的线下顾客有很大可能也是它的线上顾客，所以，他们至少会将一部分线下的购买习惯带到线上的购买场景中。

线上与线下有一些本质上的不同。一个关键点是在网购时，顾客可以用搜索功能浏览所有品牌。而在线下时，脱销的品牌会从货架上消失，顾客需要马上寻找代替品。另外，网购的记录可以保存，让顾客知道上一次买了哪些产品和品牌。一些电商还加入了"忘了买什么"系统，在结账前根据过去的购买记录提醒顾客是否漏掉了什么产品。

这些差异让顾客在网上购物时容易重复购买，因此，网购者对偏好品牌的忠诚度一般更高。如果是这样，一定有什么东西因网购而下降。最可能的情况是，更高的忠诚度牺牲了冲动消费的可能性，因促销或找不到想买的品牌而引起的消费将会降低。顾客仍会有一个购买清单，但清单上的产品会越来越固定。

线上与线下购物的另一个区分点在于，快递服务让顾客更容易囤积喜欢的品牌（例如特价时）。这同样导致了线上购物的忠诚度更高。

线上购物的忠诚度如何？

我们先来验证一下双重危机规律。依旧是小品牌通常受到两次打击，不仅顾客数量少，而且忠诚度很低。但在网购环境中，这个结论是有争议的。在网购时，购买的便利性往往跨域品牌，因为大品牌不会像在实体店那样占领货架上的优势位置，小品牌与大品牌享受着类似的展示空间。网购中，我们仿佛看不到小品牌的劣势，所以，双重危机是不是不会发生呢？

我们来看一组案例，确认双重危机规律是否真的失效了。

表 9.1 是一种日常用品的线上与线下购买情况的比较。我们注意到，对于牙膏这个品类，不管是线上数据还是线下数据，双重危机规律都得到了验证，甚至品牌在线上和线下的排名都是一样的。在线上与线下的购买环境中，品牌之间的主要区别是有多少人购买它们，而忠诚度则变化不大，并与

品牌的渗透情况一致。

表 9.1 英国线上与线下牙膏购买的双重危机规律 (2014)

品牌 (等级排序)	线下购买 (占比为91%)		线上购买 (占比为9%)	
	年渗透率 (%)	平均购买频次	年渗透率 (%)	平均购买频次
高露洁	71	3.1	63	2.4
Aquafresh	23	2.1	27	2.3
欧乐B	20	2.1	15	1.8
舒适达	15	2.4	12	2.1
Macleans	10	1.7	6	2.0
Arm+Hammer	9	1.9	4	1.8
Tesco Steps	1	1.6	3	1.8
平均	**21**	**2.1**	**18**	**2.0**

来源:凯度消费指数,英国

的确,有些品牌线上渗透率更高(Aquafresh,Tesco Steps),但这并没有改变它们的品牌排名。这一点也提醒我们,不只是购买的便利性,对大品牌来说,顾客的心智位置同样为它们提供了巨大的优势,小品牌要在网购竞争中与之抗衡。

接下来,我们研究电商网站和顾客的浏览行为。在这个案例里,尼尔森的电商访问数据同样明显地展示了双重危机现象。(表9.2)亚马逊的访问者很多,且他们的访问频率和浏览时间也会相对较长。而对于访客较少的网站来说,它们的访客访问频次也通常较低,而且访客的浏览时间较短。即使是那些批发购物商城,例如好市多和山姆会员商店,也并未偏离这一现象。

表9.2　电商平台的双重危机规律（2014）

网站	活动到达率（%）	人均会话	每人次数（hh：mm：ss）
亚马逊	39.0	8.4	0：54：43
沃尔玛	22.4	4.5	0：23：42
塔吉特	13.3	3.1	0：15：32
Overstock.com	5.0	2.1	0：09：31
史泰博	4.3	2.9	0：12：28
阿里全球速卖通	4.2	2.3	0：08：49
好市多	3.9	2.4	0：10：50
山姆会员商店	3.8	2.4	0：10：40
平均	12.0	3.5	0：18：14

来源：尼尔森在线数据库

　　最后，我们看看时尚零售的例子。这一品类的在线销售得到了充足的增长，但不像图书或音乐那样，时尚零售的实体店铺依然很强大。在图9.1中，我们在实体店铺和网店中都发现了双重危机规律，而且在访问者和顾客的忠诚度中都有所体现。小店铺的访客和顾客都比较少，每个访客或顾客的访问或购买份额一般也较低。本质上，网购者的购买行为与真实世界非常相似，只是人群不同罢了。

　　在线上，店铺和品牌的忠诚度模式非常相似，那忠诚度水平如何呢？我们在网购时会对品牌更忠诚吗？表9.3中的数据来自英国2013年和2014年的凯度消费指数，其中包括5种包装产品，并且针对每种产品，线上与线下研究同一组品牌。在所有品类里，线上的忠诚度普遍比线下的要高。举例来说，2013年，线下的忠诚度是21%，而线上是33%。2014年的数据也类似。

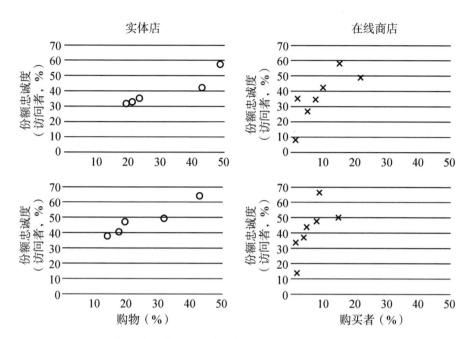

图 9.1　新加坡时尚零售业访问者与顾客的双重危机规律（2014）

表 9.3　英国 5 种产品线上、线下的平均忠诚度（2013—2014）

品类	忠诚度（2013）		忠诚度（2014）	
	线下（%）	线上（%）	线下（%）	线上（%）
狗粮	21	33	20	34
速溶咖啡	31	48	31	49
尿布	28	42	33	41
纺织品	38	50	37	50
牙膏	35	43	37	41
平均	**31**	**43**	**32**	**43**

来源：凯度消费指数，英国

其实在 2010 年，研究就发现线上忠诚度平均比线下高出 2.4%（Dawes & Nenycz-Thiel，2014），这份最新数据表明，线上与线下的忠诚度水平差异正在逐渐扩大。但是我们必须把这些忠诚度数据放到具体情景中予以考虑：虽然网购对忠诚度的提高很有帮助，但目前，忠诚度距离 100% 还有很大空间。

为什么线上忠诚度更高？我们本来想验证易于囤货是不是主要原因，但是发现，没有证据表明我们网购时会买得更多。网购与实体店购买的数量差异一般可以忽略不计（100 个案例中只有 3 个比平时多买了 1 份）

另一个原因可能是，网购时可以方便地储存购物清单或标记喜爱的产品。网购平台会记录之前的购买行为，然后根据记录做出推荐。即使这会影响忠诚度，所有的网购行为仍属正常，因为网购的忠诚度通常低于 50% 。

第三种解释是，网购正在成为一种普遍的行为，越来越多的品类会有更多的轻度顾客在网上购买。然而当我们开始网购时，经常购买的品类通常会在首位展示，因为对于这些品类的需求更符合网购场景。实际上，对于狗粮或尿布的需求可能决定了网购的时间，但是这些顾客同样会在线下购买。随着网购越来越频繁，不经常购买的品类也会有更多的购买机会，所以，网购的品类数量就会相应扩大。当大部分的轻度顾客选择网购时，他们相对较低的购买频次很可能导致忠诚度的提升。

我们很仔细地研究了，但是仍然找不到小品牌在网购上的普遍优势。如果有什么影响，那就是网购环境下更高的忠诚度让小品牌更难进入顾客的购买清单。即使小品牌在线上购物中的购买便利性提升巨大，但大品牌较高的心智显著性仍会有许多优势。

对零售商有什么影响呢?

由于网络为顾客提供了另一种购物渠道以及更多的品牌选择,且这一切(几乎)不受地域限制,因此,多渠道购物会影响顾客对零售商的忠诚度。顾客并不是用一家网上商店来代替线下商店,而是会在店铺清单上增加选项,并从更多的零售商以及更多的渠道进行购买。(Dawes & Nenycz-Thiel,2014;Melis 等)

随着时间的推移,在第一次网购后,我们发现网络渠道出现了明显的竞争。这表明,顾客一旦进入网络世界并在一家零售商进行购买(通常是他们在线下最常去的那家零售商),会很容易也在其他网店进行购买。这说明,网购会降低顾客对零售商的忠诚度。

大部分顾客的购买依然在线下,尽管他们是在网上发现产品、查看评论、比较价格的。我们最近进行的一项对 150 位印度首次购买手机的顾客的购买前行为研究就发现了这一点。研究中有两组首次顾客:首次购买传统手机,首次购买智能手机。

从开始考虑品类到最后进行购买的过程中,我们并没有看到区别——70% 的两组新品类顾客都花了一个月左右的时间。购买的渠道也比较类似——约95% 在网上进行了产品研究(样本人群是活跃的互联网顾客且研究电子产品的人),而约70% 去了实体店。但是,尽管两组新品类顾客访问了相同数量的网店(约 4 家),传统手机的新顾客访问了更多的实体店(约 4 家),相比之下,智能手机的新顾客访问的实体店较少(只有一两家)。这说明,对于新的智能手机顾客来说,线下的产品很容易就能找到,这一点非常重要，因为顾客在购买过程中访问的实体店更少。

线上线下的购物决策一样快

既然有这么多可得选项及可能性让我们的购买变得个性化，那么相比线下而言，线上购物所花时间是多少呢？答案是，与线下相似。线上购物也很迅速，超过半数的购买行为都在 13 秒内完成。（Anesbury 等，2014）

针对零售商和制造商而言，这些发现强调了店内体验的（一贯的）重要性以及主导性——无论是实体店还是网店。如果所期购买的产品不能简单（迅速）地被获得及识别，便不会进入顾客的购物篮。并且，由于顾客会将购物篮的产品留到下次购买，这意味着很大可能会失去销售的机会。这由零售商能否创造一个易于购物的环境，以及制造商能否让其品牌产品在购物环境中容易被找到——通过好的位置以及视觉上的独特性来决定。

总结

电商节奏很快，是品类发展当中变化最快的渠道。基于目前的研究，这里提供几个获取线上顾客的建议：

线上业务并非所有品类所有国家都需要——这取决于市场及品类的互联网成熟度。需要盈利且不伤害你的线下生意。

顾客就是顾客，无论线上还是线下——你的网络顾客很大程度上是能上网的品类顾客。如果你线下也有门店，那顾客会有重合，请确保交易过程轻松且令人熟悉。如果你只在线上销售，要做好与线下渠道进行竞争的准备。

同时，诸如双重危机规律之类的市场规律都是适用的。

　　仔细规划线上产品组合——任何零售空间都是昂贵的，包括网络空间。从产品组合中有针对性地选出最适合线上销售的部分，并对其进行最充分的利用。选择能给顾客带来真正方便的产品（例如最大号产品），避免那些可能会招致顾客反感的选项。

　　花心思为顾客做好准备——想象人人都对自己喜欢的品牌唯一忠诚总是容易的，然而我们都知道，尽管有很多机会让人产生对产品唯一忠诚，自然的倾向却是多样化购买。对此要做好准备：对零售商而言，与其只给顾客提供一个没有购买过的品牌，不如提供他最近购买过的三个品牌供其选择。

　　并非所有产品的网络曝光与呈现都是一样的——网络购物非常迅速，这就意味着，高质量呈现的投入是非常重要的。优先在最畅销的产品上进行投入，创造能够在嘈杂的网络中脱颖而出的品牌独特性资产。

　　线上渗透比线下越来越难——线上购物的趋势是顾客变得越来越忠诚，即顾客的店铺清单中你的位置越来越少，也意味着越来越难突破第一次购买。同时，这暗示了，对新品介绍而言，想要尝试突破进入顾客的店铺清单，集中在线下进行努力可能更有效。

　　心智显著性是重要的，即使是在网络上——强大的实体购物便利性只是战争的一部分，你同样需要投入店铺以外的活动来提升品牌的心智显著性，使其成为顾客主动寻找的品牌之一。这会帮助你抵抗网络忠诚度带来的壁垒，为进入顾客清单带来好处。对多渠道进行投入并不能成为减少广告投入的借口。

　　增强线上的购物便利性——线上、线下同样适用，但线上更容易放弃交易。我们通常不会因为一些诸如找不到想要的产品或价格比想象中高之类的小困难就离开超市，但弃掉一个网络购物篮换到另一家商店就容易多了。

第十章

新品牌如何获取新顾客?

珍妮·罗曼纽克 拜伦·夏普

新品牌上市是振奋人心的,同时暗藏风险。本章我们会讨论一些理论假说,它们会对新品牌上市的营销策略产生负面影响,不明智地轻信这些理论,会降低新品上市的成功概率。你将看到,新品牌顾客与轻度顾客的心智结构其实非常相似,而并非经历了一场巨大的转化才变成新品牌的顾客。我们还将探讨,对于用广告来提升渗透率的新品牌来说,这意味着什么。

我们需要吸收新头脑来提升渗透率,你可以把它当成一种"僵尸策略"。为了生存和扩张,品牌需要到外面的世界去接触(抓住)尽量多的新头脑。我们将展示如何运用心智显著性和购买便利性来吸引这些极其重要的顾客,并由此制定媒体计划。

我们将证明,吸引重度品类顾客是品牌成功的必要条件,但这并非充分条件。另外,我们将探讨如何评估本品类中上市的新品牌或新单品对现有品牌的蚕食程度。

非同一般的时刻: 新品牌的诞生

一个新品牌的上市往往伴随着满满的承诺和机遇。没有什么比新品牌上市更能让品牌营销部门群情激昂，营销人员的职业生涯也将随着新品牌的市场表现而一飞冲天（或者万劫不复）。对新品牌美好前景的描绘总能让投资者慷慨解囊。品牌营销人员投入海量的时间和资源，全力以赴地保证新品牌成功面世。他们组建起秘密小分队，再取一个像《007》电影里一样（神秘）的代号。虽然公司投入巨资，但新品牌的表现往往难以尽如人意。

Bingo! Ple 的出生通知

在经历了旷日持久的可行性分析和预算争夺战之后，品牌部高兴地宣布：新品牌Bango将于2015年12月3日诞生！它将成为Upper Volta牙线品牌家族中的一员，每包有50只和200只两种规格。

骄傲的父母希望Bango能够吸引一大批忠诚顾客，在这个拥挤、竞争激烈的市场里实现盈利，从而找到自己的一席之地。

图 10. 1 新品牌的诞生是让人兴奋的大事

公司可以借由新品牌的推出进入新品类，或者对现有品牌组合进行补充完善。现有品牌组合的新成员，可以是使用类似品牌名的新品牌或者新单品。这样，新品牌可以从一开始就从母品牌已经构建起购买便利性和心智显著性上获益，但采取这样的策略也会带来风险：新品牌可能会过分蚕食母品牌的市场份额，最终并没有带来整体销量和利润的提升。

促成顾客初次购买的艰难历程

一个残酷的现实是：一个新品牌上市以后，大多数品类顾客依然只买他们一贯购买的品牌。为什么？传统的（被夸大的）解释是：顾客只有相信新品牌有一些特别的功能或利益，才会改变现有的购物行为，转而选择新品牌。也就是说，顾客需要一个理由或者一种强烈的情感渴望，才会改变购物行为。品牌营销的教科书建议，新品牌应该构建一个比市面现有品牌更好的价值定位：这个定位必须非常独特，广告也必须很有说服力。如果新品牌没有人买，往往被认为性价比不高，或者广告的说服力不够，或者两者兼而有之。

让我们回到现实世界，看看市场中忙碌的顾客，他们天生就是品牌的忠诚顾客，他们在购买时根本无暇关注是否有新品上市。对大多数顾客来说，对现在市面上的已有品牌也是知之甚少。顾客对品牌的认知符合帕累托分布规律，与销量分布相似，呈 20∶50 的分布比例。即如果将品类中所有顾客了解的品类相关知识视为 100%，那么品类中 20% 的顾客掌握了大约 50% 的品类知识，而另外 80% 的顾客掌握着另一半知识。（Romaniuk & Sharp，2003）这意味着，很多品类的现存顾客对市面现有品牌几乎一无所知，更不要说新顾客了。

让我们用一个面世时间不长的品牌来举个例子，比如零度可乐。我们来比较 3 个顾客群对这一品牌的了解程度：第一类是极轻度顾客，即很少买和不买零度可乐的人群；第二类是新顾客，即在过去 3 个月中第一次购买了这个品牌的人群；第三类是长期顾客，他们消费这个品牌已经长达 3 个月以上。

从图10.2可以看出，新顾客对品牌的了解程度处在极轻度顾客和长期顾客的中间。新顾客对品牌略知一二，但60%的新顾客其实只知道一点点皮毛，在全部18个关联中只回答出不到3个。这其实很正常：在零度可乐的长期顾客中，约40%的人对品牌知之甚少。这就是常态：品牌顾客中仅有一小部分人对品牌有所了解，而新顾客对品牌几乎一无所知。

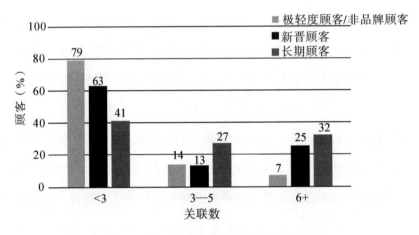

图10.2　新顾客对品牌零度可乐的了解程度

对于大多数品类顾客来说，品牌都是新鲜（陌生）的，这和品牌的上市时间长短无关。对很多顾客来说，即使是市面上存在了很多年的老品牌，他们也知之甚少。这意味着，也许一个新品牌吸引新顾客的过程与一个老品牌吸引顾客的过程并没有什么不同。对两者来说，需要解决的问题都是：如何在顾客心里建立起品牌的心智显著性，以推动他们第一次选择你的品牌。

为了回答这个问题，我们先来看看顾客的购买行为——新品牌的品牌指标和顾客购买新品牌时的行为模式，然后，探究新品牌顾客行为背后的心智认知，以及品牌要怎样做才能建立起这样的心智认知。

新品牌的增长路径与现有品牌并无差异

通过研究新品牌发现，它们上市后的品牌指标会很快稳定下来，并和类似份额的现有品牌极其相似。（Ehrenberg & Goodhardt，2001；Wright & Sharp，2001）即使在新兴市场，新品牌的增长也更多地来自渗透率的提升，而非忠诚度的改善。如表 10.1 所示，一个牙膏品牌在中国上市时，每年的渗透率增长远远大于任何一个忠诚度指标的提升。

表 10.1　牙膏新品牌在中国的增长情况

上市第 x 年	销售份额（%）及变化（%）	渗透率（%）及变化（%）	购买频次（%）及变化（%）	忠诚度及变化（%）
1	0.002	0.02	0.9	10
2	0.25（+1200）	0.4（+1900）	1.1（+22）	10（+0）
3	1（+292）	1（+150）	1.4（+27）	13（+30）

不论在哪一个市场，新品牌刚上市时销量都是很小的，顾客数量也很少。毫无疑义，它们需要吸引新顾客才能增长。但是，你经常能看到一些不去扩大触达面，而以提升少数顾客的忠诚度为主要目标的新品牌市场计划。

一个很常见但却荒唐的观点是：最好去赢取一小部分意见领袖，使他们成为品牌的忠实拥趸和宣传者。这类策略背后隐藏的巨大风险常常被无视了。营销人员们推销一些秘密技巧，帮助新品牌找到应该要吸引的某个特定人群。这不过是把名词变来变去，其实还是新瓶装旧酒：黄金家庭、创新者、超级顾客、品牌达人。对于顾问来说，这些变来变去的新名词很有意思，也是门赚钱的好生意。但对你来说，实在不必为了这个问题来掏钱，因为想要预测哪些人会成为第一批到来的顾客，或是最应该吸引哪个人群，其实并不困难。

谁将是第一批顾客？

品类的重度顾客看起来是个不错的目标人群，他们确实很可能是新品牌的第一批顾客。他们比其他顾客更容易注意到新品牌，也更有可能购买新品牌。原因很简单，因为这群人花在这个市场的时间会更长，因而更有可能刚好遇到新品上市的宣传——如果新品牌上市很有声势，他们就很有可能来买。

从数据分析来看，与品类轻度顾客相比，重度顾客购买新品牌的概率更高（Taylor，1977）——但随后呢？这些重度顾客经常购买该品类的产品，很有可能成为这个品牌的超级忠实粉丝。他们确实买得很多。但不幸的是，大多数的品类重度顾客只会变成新品牌的轻度顾客。在他们的购买清单里，绝大部分还是其他之前购买的品牌。新品牌不过是这次购物中顺手带上的一次尝新，而非他们清单中的明星。

别忘了，品类重度顾客的一个特性就是他们会买多个品牌。如图 10.3 中，土耳其、尼日利亚和墨西哥的软饮销售就说明了这一点。那些每个月顶多买一次软饮料的顾客，会购买 2—3 个品牌；而那些购买频次更高的顾客，比如每天至少买一次软饮的人，则会买 6—7 个品牌。

因为，新品牌要变成品类重度顾客固定购买的品牌这需要很长时间，所以重度顾客不会在一开始就成为新品牌的高价值顾客。这意味着，新品牌如果想花大价钱吸引品类重度顾客，要十分谨慎。

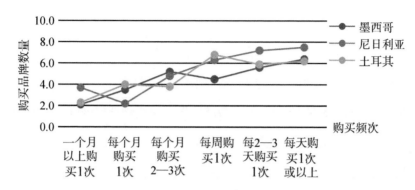

图 10.3 2014 年软饮购买频次与购买品牌数之间的关系（土耳其、尼日利亚和墨西哥）

新品牌（小品牌）的顾客群往往集中在重度品类顾客中。但是，如果品牌想要增长，就必须想办法修正这种倾向，去吸引品类的轻度顾客，这也正是大品牌、老品牌的顾客构成模式。简单而言，仅仅吸引重度品类顾客在数量上就不够，不由此向更大的顾客群拓展，品牌将无法增长。所以，品牌必须吸引大量的轻度品类顾客。

我们需要持续营销，以触达品类的中度和轻度顾客。

老品牌拥有很多轻度品牌顾客，他们需要较长时间才会购买一次：其中很多人本身也是品类的轻度顾客。为了实现增长，新品牌（最终）必须吸引这些轻度品类顾客。这意味着，品牌必须在上市期过去之后持续地进行广告宣传推广，这样才能触达那些偶尔才来购买的轻度顾客，从而在他们心中建立起心智显著性。

忠诚度呢?

在一个新品牌成功上市及后续的杰出市场表现中,忠诚度到底扮演着怎样的角色?与市场份额类似的老品牌相比,新品牌的忠诚度总是偏低的。(Trinh, Romaniuk & Tanusondjaja, 2015)这一阶段的低忠诚度并不是一个不好的征兆,也不会是因为人们试用以后觉得不喜欢,所以不再选择这个品牌(总会有些人不喜欢而不再选择这个品牌,但一般来说并不多)。今天,因为产品体验太差而被尝新的顾客抛弃,最终导致失败的情况并不常见。因为大多数营销人员在品牌上市前就已经做了方方面面的测试,从而保证这种灾难不会发生。上市初期忠诚度略低往往是因为:新品牌面世时投入的大量宣传推广资源为品牌暂时建立了购买便利性和心智显著性,甚至有的品牌上市期间还提供价格折扣,这些因素促成了首次购买但往往难以持续。当这些促进因素消失时,顾客的再次购买就变得困难了。

Singh 和同事(2012)分析了那些相当成功的品牌延伸案例,即那些至少抢占了 0.5% 的市场份额且在市场中至少存活了好几年的品牌。他们发现,有一部分品牌是在第一年就开始衰落的,换言之,这些品牌在前两三个季度抢占了不少市场份额,但之后却陨落了。有意思的是,这些品牌的渗透率和购买频次指标看上去都很正常,但是每个季度的重复购买率却很低。这种情况往往是因为品牌上市初期是通过短暂的店内展示、价格折扣以及大量广告来提高销量的。

这给我们的教训是:计划要做长远。在上市的特定时间段内,用尽各种招数来吸引顾客,听上去像是为新品牌建立起心智显著性和购买便利性的正确方式。但如果计划只侧重于暂时的吸引，随后陡然撤掉推广资源，是无法建立起必要的心智显著性和购买便利性的，也无法支持品牌获得长久、稳定的市场份额。

尼尔森的销量预测顾问公司 BASES 指出：苹果公司推出 iPod 以后，给予其持续增长的媒体支持。每个季度，iPod 的媒体支出都略高于上一季度。是的，我们看到了 iPod 上市的宣传推广，而且在较长一段时间内，看到了 iPod 的持续推广。它不是仅仅在上市初期大力推广，随即就销声匿迹了。

那么，为什么很多新品牌的上市最后都失败了呢？一般来说，它们没能同时保持渗透率和忠诚度。这是因为这些新品牌没有建立起心智显著性和购买便利性。其中一个原因是，上市初期，营销人员沉浸在上市的激动中，高估了新品牌给市场带来的振奋效应。一小部分兴奋的新顾客并不能取代建设广泛的心智显著性和购买便利性所需要的巨大投入。[①] 希望依赖于新上市带来的兴奋度和口碑传播来完成这些是不现实的。心智显著性和购买便利性上出现的一点点小问题，都需要巨大的市场兴奋才能填补。

新品牌上市往往包含着一系列密集的营销活动，但在上市期过后品牌就销声匿迹了，直到品牌得到了更多预算才会再次启动宣传推广。这种模式下，每一块钱实现的触达并不高，这就意味着，那些将来的品类顾客可能并没有被现在的广告触及过。

---

① 即使这些兴奋的顾客是超级达人，他们也只能在极其有限的范围内传播口碑，参见 Watts and Dodds（2007）的文献，可以了解有关口碑扩散的信息。

两步走的上市策略

不要因为新品牌的忠诚度指标低于预期（相比类似规模的老品牌）而焦虑，更不要以此为由削减预算。反之，你可以把新品牌上市分为两个阶段。

第一阶段：吸引足够的初始销量以保证建立起新品牌的分销。记住，你不一定非要精准地吸引品类重度顾客，这群人本来的行为模式决定了他们会主动找到你的品牌。要选择那些能实现广泛触达的媒体和活动，但要意识到，最初响应的人更有可能是重度品类顾客。因此，你拥有了为第二阶段做准备的资金，降低广告频次，但保证每一次品牌曝光都是高效的，广告信息必须能引起重度顾客的共鸣。

第二阶段：持续推广，以保证中度和轻度品类顾客准备购物时，广告能触达他们。确保你的广告信息与中度、轻度顾客有关。换言之，这个阶段的广告信息与上市初期的广告信息可能会不同。

自相蚕食：多少才算多？

公司推出第二品牌或者品牌系列，最大的顾虑之一就是新品牌对现有品牌的蚕食，即新品牌"窃取"了公司现有品牌的销量。一定程度的自相蚕食是正常的，但是到底多少就是太多了呢？

购买重合规律（本书第三章）给了一个预期标准：品牌蚕食的程度取决于这两个品牌的顾客群重合程度有多大。要尽量避免品牌蚕食程度高于这一标准。某些情况下，也许你会接受一个比这个更高的替代率，但是这应该是你自己的策略选择——与其听任竞品撬取你的生意，不如让自己的新品牌从现有品牌获取销量。这个新品牌的上市完全是出于对竞品上市的防御。

如何避免过度的自我蚕食？传统的策略是让新品牌去吸引与原有品牌不同的目标受众，但这一策略可能会降低新品牌上市的成功率。（能存活下来的）品牌最后都卖给了同一群顾客，与竞争品牌的顾客群差不多。希望通过定位，将新品牌卖给一群与现有品牌的顾客完全不同的人基本上是一厢情愿的想象，而且很可能会反过来影响品牌的销量。

以下方法可以帮助你避免过多的自我蚕食：

- 建立购买便利性：拓展小品牌的铺货面，让小品牌的铺货不要与现有品牌重合。

- 建立心智显著性：新品牌上市要用新的方式，不要沿用与母品牌上市相同的思维模式，这样新品牌就可以在顾客心智上与（不属于同一公司的）其他品牌进行竞争。

这些策略可以帮助公司提升产品的整体销量，避免新品牌与现有品牌的过度竞争。

考虑新顾客的认知结构

你在第一次购买一个品牌前需要知道些什么？这是一个很有用的小练习，能帮助你思考哪些记忆点对于驱动品类潜在顾客进行购买是最关键的。如果这些记忆点有缺席，他们就不会选择购买你的品牌。与营销教科书的逻辑相反，这些与品牌优势或品牌与竞品的差异都没有关系。

首先，最本质的记忆点是这个品牌是什么，以及它是什么样子（这样顾客才能找得到它）。大多数情况下，应该传递的信息诸如"我们提供会计服务""我们是软饮料""这是我们的名字""这是我们的外观"以及"可以在这里买到我们"，如果你不能把这些关键信息植入大家的记忆，购买你品牌的可能性就会很小。

这应该是显而易见的。令人惊异的是，大量的新品牌上市时推广传播都没有把这些信息讲清楚，这往往是因为他们把工夫都花在教育市场上了——这个新品牌与其他品牌相比是多么不同。顾客不是在寻找差异化，而在试图理解这个品牌，寻找对他们来说有用的信息点，然后存储在记忆里。

小测试：巧妙借势品类记忆

对于一个新上市的品牌来说，就算它在海外市场名声显赫，在本土市场它仍然受困于缺少心智显著性。它的购买便利性尚未建立，销量也少。这就意味着，少有顾客见到其他人使用这个品牌，或听到其他人提及这个品牌。也就是说，你的营销战役缺少支撑。在缺少独特性资产的情况下，人们依赖品牌名称来了解品牌，就使得品牌很难在人们心中迅速建立心智显著性。这听上去让人有点丧气，事实确实如此，但这个难题不是不能攻克的。

一个诀窍是，从已有的文化性心智结构着手，了解潜在顾客是如何看待这个品类和其中的品牌的。广告必须与特定市场和当地文化中的群体知识和象征协同，才能生效。去寻找当地文化中广为人知的原型、特定的颜色、符号，用它们将你的品牌与品类关联起来。它们能从视觉上助力品类记忆切入点，以便打造心智显著性。这一策略需要与品牌独特性资产组合协同使用（参见本书第五章），目标是将新品牌的记忆点与人们心中已形成的品类记忆建立联系。

零食公司玛氏在印度的营销人员遇到了一个难题：在印度，人们认为巧克力是餐后甜点，而非工作间隙来一点的小零食。士力架巧克力棒受困于缺少与重要消费场景之间的连接。最后，玛氏公司找到了"tiffin"。"Tiffin"在印度语中表示一种轻量的、在两餐之间食用的小零食，一般多用银色的罐头来包装运输。营销人员把士力架和

tiffin 联系起来，借用了 tiffin "两餐间小食"的既有印象和银色罐装的外观，成功地将士力架品牌与这一重要的潜在消费场景联系起来。（如需浏览广告，请访问 http：//www. youtube. com/watch？V=ouwr2HeTjGI）

顾客第一次购买一个品牌时，并不需要听一大段长篇大论，只需要一个小小的亮点。将品牌的新顾客看作轻度顾客，而不是品牌的信徒。（Trinh，Romaniuk & Tanusondjaja，2015）这很有道理。记住，大多数顾客都是这样。新顾客不会突然跳至品牌态度或品牌形象的层面，他们只需要足够有用的心智结构和购买便利性，这就足以让他们在购物场合选择你的品牌。

建立起品类链接后，下一个重要步骤就是在品类顾客中深化心智显著性，让品牌在各种购买场景下都成为顾客的选择项。为了构建这样的心智结构，新品牌需要与品类记忆切入点建立联系。和其他品牌一样，长远来看，品牌与品类记忆切入点的联系越强，与不同品类记忆切入点的联系越多，品牌就越有优势。但是，一个新品牌往往也在为争取更多销量而赛跑，只有销量提升，品牌才能维持和赢取更多的分销，从而建立购买便利性。这就决定了某些记忆点需要优先建立。

优先链接普罗大众都普遍有的品类记忆切入点

不同的品类记忆切入点与品类顾客的相关性程度不同。某些品类记忆切入点非常普遍，而有些则很少用到。普遍性高的品类记忆切入点对品牌的价值更高，因为，这些切入点能为品牌创造更多出镜机会。例如，对于威士忌酒的品类记忆切入点来说，"让我放松"比"特殊的礼物"要常见得多。暗示品牌可以作为礼物或是适合欢庆场合也很有效，但这些场合很少出现，因此不适合作为新品牌进入的起点。因为，如果新品牌与节庆和礼物的品类记忆切入点建立强关联，那么，这一链接只能在少数场合帮助销量。

普遍性高的品类记忆切入点会有很多品牌竞争顾客。（Romaniuk & Gaillard，2007）这意味着需要用优秀的品牌营销，以避免混淆或错误归属到已在顾客记忆中扎根的其他竞争品牌。创意可以帮助你的品牌深入人心，但如果没有好的品牌营销策略，任何宣传费用都是打水漂。

优先考虑品牌营销的质量

品牌将广告信息锚定在顾客记忆中的正确位置。但如果观众没能正确识别出广告品牌，那么，即使广告已经触达了顾客，也无法在顾客心中建立心智显著性。概括地说，可以采取两种品牌营销手段：

- *直接展示或说出品牌名；*
- *运用独特性品牌资产间接沟通。（参见本书第五章）*

对于一个刚刚进入品类的新品牌来说，它没有可利用的独特性资产，因为独特性资产需要很长时间和反复的沟通才能建立。新品牌可以设定建立独特性资产的目标，并且在创意执行中囊括这些元素。但不论是为了提高广告的有效性，还是为将来建立品牌独特性资产奠定基础，新品牌上市战役中都必须清晰展示品牌名称。

记住，新品牌的第一批顾客很可能是品类的重度顾客，他们购买的品牌很多，而且能注意到品牌广告。如果广告只是提示了品类（但没有提及品牌名称），那么，这些顾客很可能会想到其他品牌的广告，并最终购买其他品牌的产品。优秀的品牌展示应该用巧妙的执行以突显品牌名称，使之成为整支广告中最让人印象深刻的信息(其他营销活动也是一样)。

通用的原则是:对任何人来说,你的品牌都应该是非常明显的。不论是那些对品牌一无所知的人,或是在看广告时漫不经心的人,你的品牌都应该让他们无法错过。在实际操作中,品牌展示应该:

- 及早出现;
- 在视觉上反复出现;
- 在广告间隔出现(而不是广告要结束了,只在末尾亮相好几遍);
- 如果可能,不但在视觉上展示品牌,还应该有听觉的表达。

(想要了解更多关于电视广告的有效性及品牌展示的执行手法的研究和背景信息,可参见 2009 年 Romaniuk 发表的文献)

如果选择与众不同的品类记忆切入点,成功率会不会更大?

营销人员都希望新品牌能找到可以据为己有的品类记忆切入点(比如,毕业舞会的必备,或是结婚 60 周年纪念日上不可缺少的东西),这就如同虚无缥缈的圣杯一样,永远也找不着。寻找特殊的品类记忆切入点是很危险的,主要有以下两个原因:

- 如果竞争品牌都没有选择这一品类记忆切入点,通常是因为这个点对品类中的顾客不具备普遍性。这一切入点的发生频率越低,品牌就越难以在短时间内达成销售目标。
- 普遍性低的品类记忆切入点通常与品类中的轻度顾客的相关性更低。因为轻度顾客的需求往往是普遍的品类需求。特殊的品类记忆切入点场景也比较少见,一般只有重度顾客才会遇到。因此,虽然选择特殊

的品类记忆切入点可以在一开始引起重度顾客的兴趣，但除非你仔细
包装，否则对其持续的推广将导致难以吸引品类中的轻度顾客。这就
是为什么应该分别测试重度顾客和轻度顾客对新品牌上市时广告信息
的反应。

你或许可以在新品牌上市时选择一个普遍性低的、特殊的品类记忆切入点来
设计广告信息，但这意味着这个新品牌只能在某些场景中去抢占小部分重度
顾客的心智位置。这不是一条通往高销售额的道路。记得我们在本书第四章
说过：大品牌应该能适用于品类中所有的品类记忆切入点的相关场景。

那为什么不从一开始就这样做呢？

品牌自检——有没有什么因素在阻碍品牌增长？

对一个新品牌来说，随时自查可能的短板及背后原因可以帮助品牌及时
发现问题。这种早期预警系统让你有机会解决一切你能够解决的问题，从而
提升品牌的成功概率。Nenycz-Thiel 和 Romaniuk（2011）罗列了阻碍品牌增
长的常见原因：

- 品质低下：这往往是包装等外在因素造成的，新顾客会由此质疑品牌
  及产品的品质。
- 价格过于昂贵：高价格会吓退潜在的顾客，让他们不愿尝试。
- 糟糕的过往体验：产品表现不能达到顾客预期。
- 被殃及池鱼：特别是对自有品牌，如果某个品类中的某个品牌给顾客
  留下了糟糕的印象，这种负面印象很可能会殃及其他品类。除非单品
  和母品牌很不一样，否则就会被拉下水。

但是不要因为短时间内重复购买率不高就怀疑顾客不喜欢这个品牌。调研中也要谨慎对待顾客不选择品牌问题的措辞，不要引导顾客用批评品牌来解释为什么没有购买。不仅对于新品牌，哪怕对于整体的营销错误，也要给被试者留出表达的空间，例如：

- 媒体计划没有能够达成足够的触达以建立心智显著性；
- 建立品牌购买可得性计划没能实现让顾客很容易再次买到品牌。

否则，你很容易陷入失望或沮丧的泥潭，为了解决这些问题竭尽心力，却没有看到营销活动成功的一面。

结论

新品牌上市充满了风险，我们必须集中精力减少这些风险，避开那些容易引导我们错误决策的理念。

新品牌通过不断获取新顾客来增长销量。随着时间的流逝，这些顾客会不断重复购买。渗透才是王道。要成就一个成功的品牌，你必须不断壮大"僵尸战队"，不断在更多品类顾客的心中建立心智显著性。

新品牌上市时，顾客群往往会向品类重度顾客倾斜。他们选择的品牌比一般人更多，大多数人会最终成为品牌的轻度顾客。研究数据解释了你不应该在重度顾客上投资过多，因为他们是很容易被你吸引过来的。

为了长远增长，新品牌必须吸引品类中的中度顾客和轻度顾客。所以，在上市初期花掉大部分预算而之后长时间悄无声息的策略是危险的。虽然上市初期投放大量广告可以帮助你迅速建立购买便利性，但广告投放应该尽量触达更多人，而不是把钱浪费在过高的频次上。

为了建立心智显著性，可以把品牌与大多数品类顾客相关性高的品类记忆切入点关联起来。新品牌广告需要做到以下几点：

- 明确品类，以便顾客建立记忆；
- 清晰的品牌展示，以建立心智显著性并为将来建立品牌的独特性资产奠定基础。

最后，购买便利性是很重要的。广告（和销售团队的努力）能帮助保持并扩大品牌分销。

第十一章
奢侈品牌

拜伦·夏普　珍妮·罗曼纽克

那些具有象征性的品牌乃至售价很高的奢侈品牌其实也需要广泛投放广告。奢侈品牌手表的广告不只针对亿万富翁，因为大富豪太少了，而且大部分购买高级手表的人也并非亿万富翁。

《非传统营销》（2010）

这一章我们将介绍市场营销中最神圣的话题——奢侈品牌。有很多人声称，应针对特殊品牌进行特别营销以及改变常规营销规律，我们对此持怀疑态度。这里我们将第一次深入探讨这个问题。

财富的增长

这个世界变得越来越有钱。尽管媒体总是宣扬那些厄运和凄惨的故事，但我们的财富已经持续增长了几百年，至今没有减慢的趋势。根据瑞士信贷银行的一份全球财富报告（参见 Davidson2014 年的报告总结）可知，2013年全球财富增加了21.9万亿美元，这一数字是2000年后年度增长最快的一次，甚至超过了 2007—2008 年全球经济危机带来的损失总数——21.5 万亿美元。

与多数人的观点相反——并不只有富人变得更富，事实远非如此。与 20 世纪那股推动数百万欧洲及北美群众脱离贫困的浪潮可以相提并论，如今亚洲、非洲及南美洲的更多人正在脱离贫困。不出所料，奢侈品牌的销量也在增长，最为明显的市场是中国、印度和俄罗斯。当一个奢侈品牌的营销人在谈论品牌的未来方向时，绝不会忽略这几个市场。

马斯洛的需求层次理论认为，从基本需求上升到更高需求前，一个人需要先获得一定程度的物质积累。但这并不完全正确——即使是那些每天只靠几美元生存的贫困族群，也会花掉不小一部分收入进行娱乐消费——很明显，人们不能只靠面包活下去，所有人都时不时需要一些"奢侈"的感觉。

奢侈品牌在发达国家的发展也令人瞩目。即使是日常用品品类，也有逐步走向高端品牌的趋势。在肯尼亚，每个家庭在食物上的花销占家庭总收入的 45%；在法国，这个比例只有 14%，因为法国更富有，生产力更强，人们有更多的机会去购买其他非必需品——除了食物，他们买昂贵的手表、游艇或者生活体验——当然，法国人吃的相当不错。

在富裕国家，很少有人买不起食物，他们不需要买很多，但可以买更好、更贵的食品。在美国，（姗姗来迟的）浓缩咖啡和精酿啤酒的出现就是证明。

奢侈品牌不仅针对富人进行销售，超级富豪的人均奢侈品购买数量可能会超过我们，但中产阶级才是购买主力，因为这一阶级的人数超过富豪千百倍。[①] 这意味着，奢侈品牌虽然不面向所有人，但仍然需要在大众市场内竞争。这对很多营销人员（和营销理论研究人员）来说是个意外，甚至是震

---

① 事实上，在全球范围内，亿万富翁和中产阶级的比例是 1∶1000000！

惊，因为他们都公开反对这一结论。这和他们的信念冲突，在他们心中，奢侈品牌的成功秘诀就是被视为独一无二、世间罕有。

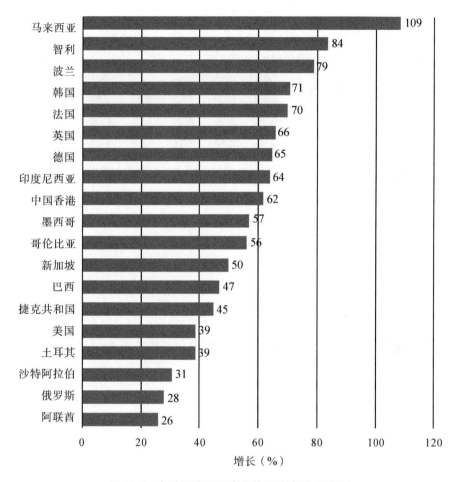

图 11.1　部分国家百万富翁的预计涨幅（2019）

来源：Davidson，2014

　　限量销售（或者至少维持高价）或被当作流行品牌有可能不太妙。这一部分我们会深入研究这一理论，如果这个情况属实，奢侈品牌的营销策略就和我们在《非传统营销》一书中提倡的有所不同。

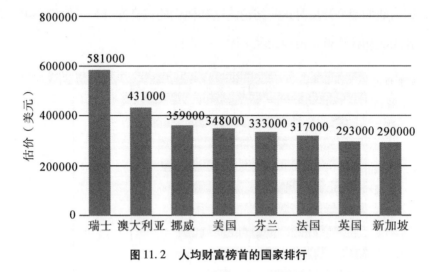

图 11.2　人均财富榜首的国家排行

越熟悉就越嫌弃?

1995 年，一位法国营销学教授和一位美国营销顾问对这个问题进行了研究。Dubois 和 Paternault（1995）调查了 3000 位美国人对 34 个奢侈品牌的看法，这些品牌均来自不同品类，其中大部分为化妆品和服装，部分为手表，还有一个视听产品（Bang & Olufsen）、一个水晶制品（Waterford），以及一个瓷器品牌（Lenox）。他们向受访者询问哪些品牌他们知道、哪些在过去两年内买过，还有，如果他们赢得一个比赛就可以挑选一样精美礼品，哪五个品牌是他们最喜欢的。通过这个调查，他们针对 34 个品牌统计出了以下三项指标：

- 品牌知名度；
- 品牌拥有率；
- 品牌渴望度。

他们的主要论点是，品牌拥有率会降低他们的渴望度，所以被很多人拥有（高渗透率）的品牌他们渴望度不高。

这确实是 Dubois 和 Paternault 的发现，尽管这个论题十分有趣也十分重要，但不幸的是，这个调查是有缺陷的。把价格区间相差甚远的品类和品牌混在一起，结果就是兰蔻和露华浓等化妆品品牌的购买率较高，但顾客的渴望度较低；而顾客对劳力士和古驰等昂贵品牌的渴望度较高，但购买率较低。毫无疑问，比起价格相对较低的口红，我们更愿意要一个奢侈品牌手表（尤其是男人！）。所以这种取样方法，当然会得出上述调查者所期待的结论。

有趣的是，皮尔卡丹在渴望度和知名度两方面都表现得不错——在同一认知水平的品牌当中，它的渴望度分数比其他品牌高。这个发现很有趣，也很奇怪——皮尔卡丹可是不遵守独家营销的典型。1995 年，很多商学院的教程都认为，皮尔卡丹已经失去了威望，因为它的销售范围很广，不仅出高级定制服装，还涉足香水、化妆品和酒水。2005 年，《哈佛商业评论》的一篇文章还形容皮尔卡丹在 19 世纪 90 年代的发展是过度扩张。 （Reddy & Terblanche，2005）但我们在这份调查中同时可以看到，美国人仍然对皮尔卡丹有渴望，不仅如此，很多高级定制品牌还追随它的脚步。比如现在，很多高定品牌旗下都出品多款香水。

现实世界的数据并不一定符合（不切实际空想出来的）营销理论，这种情况时有发生。所以，我们需要更多调查①，这一次我们比对了不同国家奢

---

① 事实上，Paternault 和 Dubois 的研究被重复实践过，但不幸的是，调查设计（和分析）还是存在同样的缺陷。要得出可靠的结论，反复试验相当重要。但这提醒我们，重复错误不会产生进步。理想状态下，第一次重复调查应该与原调查基本一致，目的是检查错误，但之后的延展性调查应采取不同的方法、测试不同的情况。只有这样，我们才能明确得到的结果是否只是因为原来的调查方法或者有限的前提。（Stern & Ehrenberg，1997）

侈品牌的知名度、拥有率以及渴望度，并尽量保证比对在价格、质量相近的同一品类内进行。（图11.3、图11.4、图11.5、图11.6、图11.7、图11.8）现在来看，品牌拥有会降低渴望度吗？低渗透率的品牌渴望度更高、更贵、更酷吗？

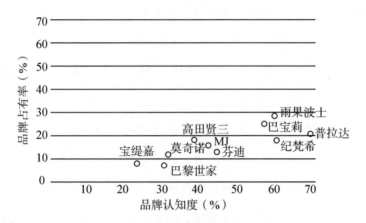

图 11.3　俄罗斯、美国与中国奢侈服装品牌的知名度与份额（2015）

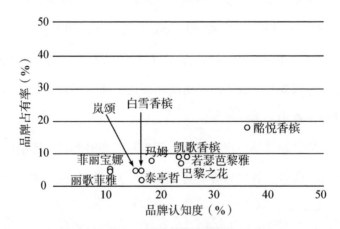

图 11.4　俄罗斯、美国与中国奢侈香槟品牌的知名度与份额（2015）

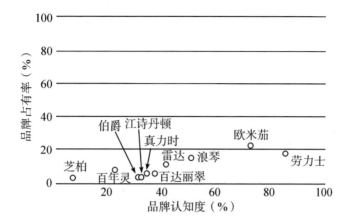

图 11.5　俄罗斯、美国与中国手表品牌的知名度与份额（2015）

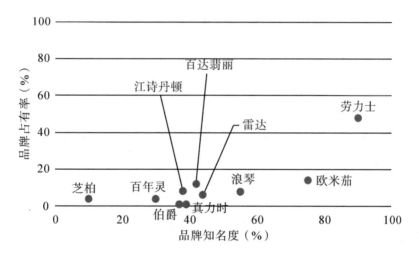

图 11.6　俄罗斯、美国与中国奢侈手表品牌的知名度与渴望度（2015）

　　首先，我们发现知名度和份额的关系十分密切（相关值为 0.9 左右）。很明显，品牌拥有驱动知名度（虽然不是一定的；你的冰箱、面包机、肥皂是什么牌子？），而且人们很不愿意购买没听过的品牌——对奢侈品来说尤其如此。意料之中的是，在每个品类中，品牌知名度都大大高于份额：这说明知名度依赖于购买率，广告的触及范围大于老顾客群。

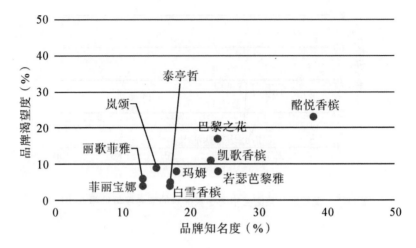

图 11.7　俄罗斯、美国与中国香槟品牌的知名度与渴望度（2015）

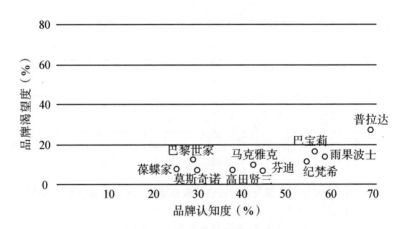

图 11.8　俄罗斯、美国与中国奢侈服饰品牌的知名度与渴望度（2015）

品牌的知名度与渴望度之间也有很强的关联（相关值为 0.8—0.9）。许多奢侈品牌并不出名，而大家也并不向往自己不知晓的品牌。

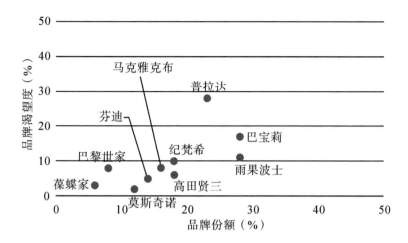

图 11.9　俄罗斯、美国与中国奢侈服饰品牌的份额与渴望度（2015）

普拉达和劳力士是两个略有偏差的品牌，顾客的渴望度特别高，且都有同品类中最高的知名度（据推测，普拉达可能受益于电影和图书《穿普拉达的女魔头》）。但很可能，两者其实并非真正的偏差，而是受到了双重危机规律的影响，知名度领先的品牌渴望度也占有优势。

最终，与我们测试的理论直接相关，服饰与手表的品牌份额和渴望度之间的关系并不是很强（相关值为0.55）——普拉达和劳力士的异常偏离了理论，但香槟行业两者的关联就很强（相关值为0.9）。即使相对于普拉达和劳力士的高知名度而言，其渴望度也高乎寻常，这可能仅仅是因为它们的高价格。

同样非常昂贵的百达翡丽[①]和江诗丹顿也发生了偏离——这并不让人感到意外，相对于它们的份额和知名度而言，其品牌渴望度非常高。

----

① 我们尝试采纳价格和质量相似的品牌，从而避免 Dubois 和 Pernault 的原始研究的错误，但并没有达到目标——这些偏差表明了原始研究中的巨大缺陷。

这些结果并不支持"越熟悉,越轻视"的理论。它们有力地说明了,奢侈品牌与其他品牌一样,更多时候通过竞争建立心智显著性(购买便利性应该也如此),有众多的拥有者(较高的渗透)并不会导致需求的降低,即便是或多或少降低了奢侈品牌的优越性、独占性或酷炫感,心智显著性所带来的正面效应也早已抵消甚至超越所有缺点带来的损害。

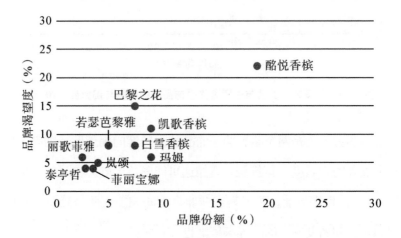

图 11.10 俄罗斯、美国与中国香槟行业品牌的份额与渴望度(2015)

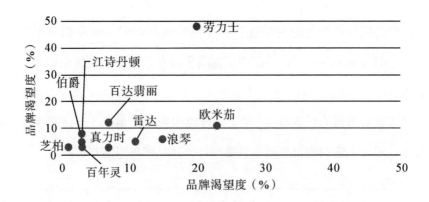

图 11.11 俄罗斯、美国与中国奢侈手表行业品牌的份额与渴望度(2015)

如果已经拥有，它会失去光环吗?

最后，为了进一步测试"熟悉产生轻视"这一命题的正确性，我们来看一看个人层面而非品牌层面的分数。我们在知晓一个品牌的人群中，比较拥有该品牌和没有拥有该品牌两组人给品牌吸引力的打分情况。拥有品牌会减少其吸引力吗? 品牌的拥有者会想获得另一个不同的奢侈品牌吗? 如果是的话，影响会有多大呢?

但是，除了某些特意寻求多样性的人——这种人肯定每个市场都有，即使在我们控制了品牌知名度的情况下，拥有一个奢侈品牌实际上会为该品牌带来更高的吸引力。表 11.1 展示了奢侈服饰品牌的数据。我们对比了两组知道某品牌的人:一组拥有此品牌产品，一组没有。品牌吸引力在拥有者中得分更高。记住，吸引力的得分是通过询问被试，如果赢得了一个比赛可以选择同一品类的三个品牌作为奖品，人们会选择哪些品牌。由表 11.1 可以看出，该品牌的拥有者和没有拥有但知晓该品牌的人的比例，以及多少人将此品牌作为首选，同样，我们单个分析了被选出来的三个品牌，结果是一样的。

表 11.1 是对拥有品牌并不减少吸引力的进一步证明。当然也有可能，这些拥有者在购买品牌之前对这些品牌的欲望更高，但其产生的实际后果，如果有的话，也很小。比起知道这些品牌但是没有进行购买的那些人，这群人对该品牌的购买欲还是更高。

表 11.1 中国与俄罗期、美国奢侈服饰行业品牌拥有与品牌吸引的关系（2015）

服饰品牌	已拥有者的首选吸引（%）	知晓品牌但没有拥有者的首选吸引（%）
普拉达	43	29
巴宝莉	23	18
葆蝶家	21	8
雨果波士	18	11
纪梵希	16	10
马克雅克布	14	9
高田贤三	9	7
巴黎世家	9	14
莫斯奇诺	8	6
芬迪	8	5
平均	17	12

诚然，我们会以为，对比某奢侈品品牌的新顾客，现有顾客可能因为多样化需求而对自己已经拥有的品牌有些喜新厌旧，然而，数据显示，多样性需求的影响是微乎其微的。相反，忠诚度才是顾客自然的行为方式，行为决定态度，你有了一件，就会比其他知晓品牌的人更有可能进行再次购买。

这一效应对奢侈手表品牌的影响稍微小一些，这个品类的顾客多样化需求因素更明显。已经买了一块劳力士，拥有者会想买一块其他品牌手表来丰富整个收藏，这是讲得通的。劳力士的品牌对于已拥有者的吸引度是 51%，对于知道劳力士但没有劳力士手表的人来说也是 51%。总体来看，所有奢侈品手表品牌对所有者的吸引度得分是 13.4%，对非所有者的吸引度得分是 13.3%——相对于奢侈品服饰来说，差别小得多（服饰是 17% 对比 12%，香槟是 22% 对比 14%）。尽管有证据表明，对奢侈手表品牌的顾客来说，确实有更多对多样性的需求，但仍然很难说明拥有一个品牌会减少该品牌的吸引力。

"很容易买到" 会让奢侈品牌变得廉价吗？

在另一个完全不同的调研所搜集的数据中（这次的对象为埃伦伯格-巴斯营销研究院的企业赞助商），我们直接衡量了人们对奢侈品的知名度、排他性以及购买便利性的看法。那些被我们认为分销渠道限制严格、很难买到的品牌，在他们眼里，是不是也更具排他性、更奢华呢？

实际上，并不是这样。我们发现，实际情况恰好相反——大多数人认为，奢华又排他的品牌，其实并不会很难买到。（表 11.2）这意味着，独家销售和顾客对品牌奢华性与排他性的认知并没有联系。我们需要看看整个市场营销模型中的其他方面，进而寻找排他性的根源（比如高昂的价格）。如果想要一个品牌看起来很奢华很独特的话，并不需要限制它的购买便利性。

表 11.2 美国酒类品牌的奢侈性、知名度、排他性和购买难易度的认知及关系（2013）

奢侈品	购买年份（%）	品牌认知（%）	与奢侈品连接度（%）	品牌排他性程度（%）	品牌不是随处可见的程度（%）
俄罗斯伏特加	65	91	32	22	8
墨西哥龙舌兰	52	80	28	24	13
苏格兰威士忌 1	46	77	22	19	13
苏格兰威士忌 2	37	56	19	17	21
欧洲伏特加	26	50	15	14	19
美国波本威士忌	21	38	18	15	17
平均	**41**	**65**	**22**	**19**	**15**

小品牌就意味着小众吗?

针对"熟悉产生轻视"这一理论所做的一系列实验都揭示了这一推断是错误的:奢侈品行业的竞争状态与普通品类的竞争一样。顾客的购买行为数据与《非传统营销》中陈述的规律相符的事实也支持了这一论点。

奢侈品牌的竞争也符合购买重合规律。所有品牌彼此共享该品类的所有顾客,和大品牌的共享顾客群体较多,和小品牌的共享顾客群体较少。在表11.3 中,我们可以发现,每一个时尚奢侈品牌都会和普拉达共享大约一半的顾客群体,而和葆蝶家的共享顾客群体则少得多(大约20%)。对于对奢侈品行业很感兴趣的人来说,这个表格上也有一些值得注意的偏差。巴黎世家和葆蝶家的共享顾客比想象中的更多,这也许源于它们同属于一家法国时尚品公司。高田贤三和马克雅克布的共享顾客较少,巴黎世家和雨果波士也是如此。购买重合规律也让这种差异更加明显。

购买重合规律在香槟品牌中的顾客重叠程度方面也得到了验证。当了解了预期规律时,我们可以发现,泰亭哲和白雪香槟之间有着不寻常的高顾客重叠程度。通常情况下,只有隶属一家公司的品牌才会有这样的高共享程度(有相同的经销网络和销售团队),但这两个品牌并不属于一家公司。溯其原因,也许是这两个都是最小的品牌(要注意,两个最小的时尚奢侈品牌也可以拥有高顾客重叠程度)。小品牌的顾客通常是最重度的品类顾客(自然的垄断法则)。这也许可以解释统计数据中这两个最小品牌的高顾客重叠程度。

表 11.5 展示了奢侈手表顾客拥有品牌数量所展现的自然垄断法则。这一模式很清晰:小品牌顾客有更多的品牌收藏,也就是说,他们是该品类的

深度顾客。记住（本书第二章提到过），这叫作自然垄断法则，因为大品牌会垄断该品类的轻度顾客。

表 11.3 中国、俄罗斯和美国奢侈时装行业的购买重合规律（2015）

品牌	买过的品牌（%）	购买的其他品牌（%）									
		雨果波士	巴宝莉	普拉达	纪梵希	高田贤三	马克雅克布	芬迪	莫斯奇诺	巴黎世家	葆蝶家
雨果波士	31		49	46	42	44	31	27	27	12	15
巴宝莉	30	52		48	38	31	34	32	28	19	16
普拉达	24	59	58		43	42	32	40	29	19	14
纪梵希	21	62	54	50		48	33	37	38	22	20
高田贤三	21	66	44	49	49		25	27	37	16	16
马克雅克布	17	57	60	47	42	31		34	29	26	25
芬迪	15	55	61	63	51	37	37		35	25	24
莫斯奇诺	13	65	63	55	61	60	38	41		22	23
巴黎世家	10	39	59	49	48	34	46	39	30		39
葆蝶家	8	57	57	41	53	41	51	45	37	47	
平均	**19**	**57**	**56**	**50**	**47**	**41**	**36**	**36**	**32**	**23**	**21**

表 11.4 中国、俄罗斯和美国香槟品牌的购买重合规律（2015）

品牌	买过的品牌（%）	购买的其他品牌（%）							
		酩悦香槟	凯歌香槟	若瑟芭黎雅	巴黎之花	玛姆	岚颂	泰亭哲	白雪香槟
酩悦香槟	20		32	19	24	25	15	20	18
凯歌香槟	12	55		22	28	31	20	28	26
若瑟芭黎雅	10	41	26		34	23	25	30	28

（续表）

品牌	买过的品牌（%）	购买的其他品牌（%）							
		酩悦香槟	凯歌香槟	若瑟芭黎雅	巴黎之花	玛姆	岚颂	泰亭哲	白雪香槟
巴黎之花	9	53	36	36		36	20	29	31
玛姆	9	56	40	25	37		19	32	30
岚颂	7	40	32	32	26	23		13	23
泰亭哲	7	57	46	39	37	39	13		46
白雪香槟	7	52	43	39	41	39	25	48	
平均	10	51	36	30	32	31	20	28	29

表 11.5 中国、俄罗斯和美国奢侈手表的市场渗透率和拥有规模（2015）

品牌	渗透率（%）	平均拥有品牌数
欧米茄	67	2.2
劳力士	52	2.1
浪琴	45	2.4
雷达	31	2.5
百达翡丽	19	2.6
真力时	18	2.8
百年灵	13	2.8
江诗丹顿	12	2.7
伯爵	11	2.8
芝柏	5	2.9
平均	27	2.6

如果你只买过一块奢侈手表，那么，它很有可能是欧米茄或者劳力士。但如果你拥有一块芝柏，那么，你很有可能是一个奢侈手表收藏家。

这并不是夸张，自然垄断法则很少表现得非常夸张，但它却在各个市场中出现，从像黄油这样的平常小物到奢侈品牌，都是这样。

最终，不出所料地，每一品类的奢侈品牌都卖给了类似的顾客群体（可参见本书第三章中关于相互竞争的品牌如何卖给相似的顾客的讨论）。比如，奢侈时装品牌似乎对不同性别的吸引都差不多，为 60（女）：40（男），除了雨果波士，它的男士产品线更长，这当然是另一种情况了。香槟品牌对不同性别的吸引比是 60（男）：40（女），更倾向于男性。奢侈手表对不同性别的吸引比约为 50：50（除了欧米茄在中国市场更吸引女性一点）。而每一个奢侈服装品牌都有几乎一半的顾客年龄为 35—54 岁，这种比自然人口分布更高的比率并不出人意料，因为年轻人缺乏购买奢侈品的经济能力。

而各个品牌的顾客群体对于奢侈品牌的看法也是相似的。比如说，每个奢侈服装品牌都有约 30% 的顾客赞同奢侈品牌是社会身份、地位的象征。品牌间的顾客画像鲜有不同，而顾客对于奢侈品牌的态度却极为相似。

结论

在这一章中，我们研究了一些奢侈品行业广为人知的看法——奢侈品与其他产品有本质上的不同，高市场渗透率会导致忠诚度的降低；与竞品的竞争方式也与普通产品不同——要避免大众化营销。结果发现，这些想法全是谬误。

奢侈品真正的不同之处在于，它们很昂贵，质量很好，也很漂亮。高质量往往无法立即被评估：也许顾客用了几年奢侈品的皮包、手表才会欣赏到其精致的做工。尽管产品的质量可以靠高昂的价格来暗示，但这一暗示有时会有风险，并且顾客深知这一点。因此，品牌需要多年的努力才可以建立起"产品质量极高"的声誉。[①]

许多顾客尤其是品类的新顾客，并不信赖以自身能力来选择高质量（比如红酒）或者紧跟潮流的产品。他们会找一些线索，像价格、广告（产品看起来有多好？看上去有多贵?）、其他人是否信赖这个产品、其他人是否会购买等。事实上，他们经常听说的品牌会对他们的购买决定产生很大影响。那么，低知名度的小品牌就很难把产品销售给这些人。

这些发现都建议，奢侈品牌需要大量广告来建立并维护心智显著性，也需要很多时间来建立品牌想要的声誉。理想的情况是，一个奢侈品牌多年以来一直制造精美的产品，就像："始于 1907 年的登喜路""古驰 1921 珍藏""创立于 1698 的 Berry Bros. & Rudd"。

最后，要记住，不管奢侈品的价格看起来有多疯狂，它主要还是卖给了中产阶级，而不是一小批的亿万富翁。拉菲和奔富酒更多地卖给了医生和律师，而不是商界巨头。[②] 事实上，现在很多价格高的酒会被当下并不富裕的医学和法学学生买走，他们会时不时存钱来尝试一些不一样的东西（在一些特殊场合用到，例如毕业）。布鲁金斯学会预计，2009 年，全球的中产阶层有 18 亿，且这一人口增长速度非常迅速，到 2020 年末，会飙升至 32 亿。（Yueh, 2013）相比之下，全世界只有约 1600 位亿万富翁，远远无法维持大多数奢侈品牌的生意。

---

① 一瓶好酒要证明自己往往需要数十年。大多数酒都不能成为好酒。同样，一个奢侈品牌（例如手表、汽车、家具、珠宝）也需要数十年来证明自己在下一个市场上（例如拍卖市场）还能保值。

② 地球上为数极少的亿万富翁只能喝那么多酒。其实，有些富翁根本不喝酒：例如，唐纳德·特朗普和沃伦·巴菲特都不喝任何酒精饮料——这并没有阻碍特朗普去宣传特朗普伏特加，也不阻碍巴菲特在酒类经销公司上的投资。

📐 最后的话

感谢您阅读《非传统营销Ⅱ》，我们希望这本书可以帮助您和您的同事制定以实证为基础的营销决策。

我们希望这些规律可以成为讨论品牌策略时的常识——营销人员会查看策略如何根据双重危机规律帮助品牌增长，利用购买重合规律在品类中发现机会，以及量化独特性资产的优势使其得到相应的建立和保护。因为董事会高度重视营销策略，所以需要严谨对待。

当一个新科技或媒体声称能颠覆营销的时候，我们希望这些普遍性规律能让你三思而行。我们可能有不同的策略影响品类顾客，但这并不能改变建立心智显著性和购买便利性的基本需要，也就是说，触及顾客是不可或缺的。

我们在土耳其和尼日利亚等地做测试，测试品类涵盖银行、手机、社交媒体、冠脉支架以及高高在上的奢侈品，进而试图拓宽营销规律的使用界限。人们可能会说，他们的市场是与众不同的，确实可能会有一点不同，但是几乎任何差异都不能改写品牌增长的规律。不要尽信书本所说，而是要在你的品类中检验这些规律。

很多工作还有待完成，当你在看这本书的时候，南澳大学埃伦伯格-巴斯营销研究院的研究团队正在进一步构建该领域的知识体系，比如组合管理、品类增长、品牌健康度的测量、广告和媒体策略以及顾客行为。进入市场营销萌芽的时代真是令人兴奋。

我们的工作还在继续，如果你想参与其中，欢迎联系我们：www. Marketing Science. info。

参考文献

Allsopp, J, Sharp B & Dawes J 2004, 'The double jeopardy line — empirical results', Australia and New Zealand Marketing Academy (ANZMAC) conference, 29 November, Victoria University, Wellington, New Zealand.

Anderson, JR & Bower, GH 1979, *Human Associative Memory*, Lawrence Erlbaum, Hillsdale, NJ.

Anesbury, Z, Nenycz-Thiel, M, Kennedy, R & Dawes, J 2014, 'Shopping takes only seconds... in-store and online', Report 65, Ehrenberg-Bass Institute for Marketing Science, Adelaide.

Anschuetz, N 2002, 'Why a brand's most valuable consumer is the next one it adds', *Journal Of Advertising Research*, vol. 42, no. 1, pp. 15–21.

Atsmon, Y & Magni, M 2012, 'Meet the Chinese consumer of 2020', *McKinsey & Company Insights and Publications* March, <www. mckinsey. com/insights/asia-pacific/meet_the_chinese_consumer_of_2020>, accessed 10 July 2015.

Bain & Co. 2013, 'Customer loyalty in retail banking: Global edition', *Bain & Company*, < www. bain. com/publications/articles/customer-loyalty-in-retailbanking-2013. aspx>, accessed 11 July 2015.

Baldinger, AL, Blair, E & Echambadi, R 2002, ' Why brands grow ', *Journal of Advertising Research*, vol. 1, pp. 7-14.

Bass, FM & King, CW 1968, 'The theory of first purchase of new products', Purdue University, Institute for Research in the Behavioral, Economic, and Management Sciences.

Bayne, T, Samuels, B & Sharp, B 2014, ' Marketing banks: target new, not loyal customers', *Admap*, April, pp. 40-1, available from *Warc*, <www. warc. com>.

Bell, DR 2014, *Location is (Still) Everything: The Surprising Influence of the Real World on How We Search, Shop and Sell in the Virtual One*, Amazon Publishing.

Bennett, D 2008, ' Brand loyalty dynamics-China's television brands come of age', *Australasian Marketing Journal*, vol. 16, no. 2, pp. 39-50.

Binet, L & Field, P 2009, 'Empirical generalisations about advertising campaign success', *Journal of Advertising Research*, vol. 49, no. 2, pp. 130-3.

Bird, M & Channon, C 1969, ' Brand usage, brand image, and advertising policy-part I', *Admap*, vol. 6, pp. 27-46.

Bird, M, Channon, C & Ehrenberg, ASC 1970, ' Brand image and brand usage', *Journal of Marketing Research*, vol. 7, no. 3, pp. 307-14.

Bogomolova, S & Romaniuk, J 2009, ' Brand defection in a business-to-business financial service', *Journal of business Research*, vol. 62, no. 3, pp. 291-6.

Ceber, M 2009, ' The importance of light TV viewers and how to reach them', Master's thesis, University of South Australia, Adelaide.

Cohen, J, Lockshin, L & Sharp, B 2012, 'A better understanding of the structure of a wine market using the attribute of variety', *International Journal of Business and Globalisation*, vol. 8, no. 1, pp. 66-80.

Davidson, L 2014. 'Credit Suisse Global Wealth Report: are you among the world's richest?', *The Telegraph*, 14 October.

Dawes, J 2013, 'Reasons for variation in SCR for private label brands', *European Journal of Marketing*, vol. 47, no. 11/12, pp. 1804-24.

Dawes, J & Nenycz-Thiel, M 2014, 'Comparing retailer purchase patterns and brand metrics for in-store and online grocery purchasing', *Journal of Marketing Management*, vol. 30, no. 3-4, pp. 364-82.

Dubois, B & Paternault, C 1995, 'Understanding the world of international luxury brands: the "dream formula"', *Journal of Advertising Research*, July/August, pp. 69-76.

East, R & Hammond, K 2006, 'Multi-category research on the impact of positive and negative word of mouth on brand choice', European Marketing Academy Conference(EMAC), 23-26 May, Athens Business and Economics University, Athens, Greece.

East, R, Hammond, K & Lomax, W 2008, 'Measuring the impact of positive and negative word of mouth on brand purchase probability', *International Journal of Research in Marketing*, vol. 25, no. 3, pp. 215-24.

East, R, Hammond, K & Wright, M 2007, 'The relative incidence of positive and negative word of mouth: a multi-category study', *International Journal of Research in Marketing*, vol. 24, no. 2, pp. 175-84.

East, R, Romaniuk, J & Lomax, W 2011, 'The NPS and the ACSI: a critique and an alternative metric', *International Journal of Market Research*, vol. 103, no. 3, p. 15.

East, R, Uncles, M, Romaniuk, J & Dall'Olmo, R 2015, 'Antecedents to word of mouth', *International Journal of Market Research* forthcoming.

Economic Times 2015, 'Vodafone launches specialplans for iphone 6, 6+, other models', *Economic Times*, 16 January.

The Eeconomist 2014. 'Chinese consumers: doing it their way', *The Economist*.

Ehrenberg, A 1972, *Repeat Buying: Theory and Applications*, American Elsevier, New York.

Ehrenberg, A 2000, 'Repeat-buying: facts, theory and applications', *Journal of Empirical Generalisations in Marketing Science*, vol. 5, pp. 392–770.

Ehrenberg, ASC 1959, 'The pattern of consumer purchases', *Applied Statistics*, vol. 8, no. 1, pp. 26–41.

Ehrenberg, ASC & Goodhardt, G 2001, 'New brands: near-instant loyalty', *Journal of Targeting, Measurement and Analysis for Marketing*, vol. 10, no. 1, pp. 9–17.

Ehrenberg, ASC, Goodhardt, G & Barwise, TP 1990, 'Double jeopardy revisited', *Journal of Marketing*, vol. 54, no. 3, pp. 82–91.

Epstein, E, 2014, 'The Johnnie Walker brand: a rich blend of design and progress', *Mashable*, 3 May <http://mashable.com/2014/05/02/johnnie-walker-marketing-strategy/>, accessed 26 June 2015.

Fader, PS & Schmittlein, DC 1993, 'Excess behavioral loyalty for high-share brands: deviations from the Dirichlet model for repeat purchasing', *Journal of Marketing Research*, vol. 30, no. 4, pp. 478-93.

Faulkner, M, Truong, O & Romaniuk, J 2014, 'Uncovering generalized patterns of brand competition in China', *Journal of Praduct Brand Management*, vol. 23, no. 7, pp. 554-71.

Gaillard, E, Sharp, A & Romaniuk, J 2006, 'Measuring brand distinctive elements in an in-store packaged goods consumer context', European Marketing Academy Conference(EMAC), 23-26 May, Athens Business and Economics University, Athens, Greece.

Goodhardt, GJ & Ehrenberg, ASC 1969, 'Duplication of television viewing between and within channels', *Journal of Marketing Researh*, vol. 6, May, pp. 169-78.

Goodhardt, GJ, Ehrenberg, ASC & Chatfield, C 1984, 'The Dirichlet: comprehensive model of buying behaviour', *Journal of the Royal Statistical Society*, vol. 147, no. 5, pp. 621-55.

Greenfield, S 2000, *The Private Life of the Brain*, Allen Lane, London.

Hammond, K, Ehrenberg, ASC & Goodhardt, GJ 1996, 'Market segmentation for competitive brands', *European Journal of Marketing*, vol. 30, no. 12, pp. 39-49.

Harrison, F 2013, 'Digging deeper down into the empirical generalization of brand recall', *Journal of Advertising Rerarch*, vol. 53, no. 1, pp. 181-5.

Hartnett, N 2011, 'Distinctive assets and advertising effectiveness', Master's thesis, University of South Australia, Adelaide.

Holden, SJ & Lutz, RJ 1992, 'Ask not what the brand can evoke; ask what can evoke the brand?' *Advances in Consumer Research*, vol. 19, no. 1, pp. 101-7.

Howard, JA & Sheth ,JN 1969, *The Theory of Buyer Behavior*, John & Wiley Sons, New York.

Huffington Post 2013, 'The U. S. illiteracy rate hasn't changed in 10 years', *Huffington Post*, 6 September.

Joseph, S 2015, 'Unilever CMO Keith Weed lifts lid on plan to push marketing beyond brand development', *The Drum*, 2 June.

Kearns, Z, Millar, S & Lewis, T 2000, 'Dirichlet deviations and brand growth', Australia and New Zealand Marketing Academy(ANZMAC) conference, 28 November-1 December, Griffith University, Gold Coast, Queensland.

Kennedy, R & Ehrenberg, A 2001, 'Competing retailers generally have the same sorts of shoppers', *Journal of Marketing Communications*, vol. 7, no. 1, pp. 19-26.

Kennedy, R, Ehrenberg, A & Long, S 2000, 'Competitive brands' user-profiles hardly differ', Market Research Society Conference(UK), 15-17 March, Brighton, UK.

KPMG 2014, 'E-commerce in China: driving a new consumer culture', *China 360*, no. 15.

Livaditis , M, Sharp, A & Sharp, B 2012, 'Evidence of naturally bias behaviour-seating habits at a lecture ', Australia and New Zealand Marketing Academy(ANZMAC) conference, 3 - 5 December, Ehrenberg-Bass Institute for

Marketing Science, Adelaide.

Lockshin, L & Cohen, E 2011, 'Using product and retail choice attributes for cross-national segmentation', *European Journal of Marketing*, vol. 45, no. 7/8, PP. 1236-52.

McCabe, J, Stern, P & Dacko, SG 2013, 'Purposeful empiricism: how stochastic modeling informs industrial marketing research', *Industrial Marketing Management*, vol. 42, no. 3, pp. 421-32.

Mccormick, A 2011, 'Are virtual walls the future of retail?', *Wallblog*, 20 September, < http://wallblog. co. uk/2011/09/20/are-virtual-walls-the-future-of-retail/>, accessed 2 July 2015.

McDonald, C & Ehrenberg, ASC 2003, 'What happens when brands gain or lose share? : customer acquisition or increased loyalty?', Report 31 for corporate members, Ehrenberg-Bass Institute for Marketing Science, Adelaide.

McPhee, WN 1963, *Formal Theories of Mass Behaviour*, The Free Press of Glencoe, New York.

Major, J 2014, 'Drawing the spotlight? Investigating the attention grabbing potential of distinctive assets', Master's thesis, University of South Australia, Adelaide.

Major, J, Tanaka, A & Romaniuk, J 2014, 'The competitive battleground of colours, logos and taglines in brand identity', in G. Muratovski(ed.), *Design For Business*, pp. 42-59, Intellect Ltd, Bristol, UK.

Mangold, WG, Miller, F & Brockway, GR 1999, 'Word-of-mouth communication in the service marketplace', *Journal of services Marketing*, vol. 13, no. 1, pp. 73−89.

Martin, C, Jr 1973, 'The theory of double jeopardy', *Journal of the Academy of Marketing Science*, vol. 1, no. 2, pp. 148−56.

Meeker, M, & Wu, L 2013, 'Internet trends, D11 conference', KPCB, < www. slideshare. net/kleinerperkins/kpcb-internet-trends-2013>, accessed 25 June 2015.

Melis, K, Campo, K, Breugelmans, E & Lamey, L 2015, 'The impact of the multichannel retail mix on online store choice: does online experience matter?', *Journal of Retailing*, in press.

Moth ,2015, 'UK online retail sales to reach £ 52.25bn in 2015: report', https:// econsultancy. com/blog/66007-uk-online-retail-sales-to-reach-52-25bn-in-2015-report>, *Econsultancy*, accessed 26 January 2015.

Mundt, K, Dawes, J & Sharp, B 2006, 'Can a brand outperform competition on cross-category loyalty? An examination of cross-selling metrics in two financial services markets', *Journal of Consumer Marketing*, vol. 23, no. 7, pp. 465−9.

Nelson-Field, K, Riebe, E & Sharp, B 2012, 'What's not to "like"?: can a Facebook fan base give a brand the advertising reach it needs?' *Journal of advertise Research*, vol. 52, no. 2, pp. 262−9.

Nenycz-Thiel, M & Romaniuk, J 2011, 'The nature and incidence of private label rejection,' *Australasian Marketing Journal*, vol. 19, pp. 93−9.

Newstead, K, Taylor, J Kennedy, R & Sharp, B 2009, 'The long-term sales effects of advertising: lessons from single source,' *Journal of Advertising Research*, vol. 49 , no. 2. pp. 207−10.

Nielsen 2014, 'Nielsen: China sees more sophisticated online shoppers', <www. nielsen. com/content/dam/nielsenglobal/cn/docs/Nielsen% 202014% 20 China% 20online% 20shopper% 20trends_EN_Client% 20Version. PDF>, accessed 10 July 2015.

Niclsen 2015, 'The future of grocery:e-commerce ,digital technology and changing shopping preferences around the world', < www. nielsen. com/content/dam/nielsenglobal/vn/docs/Reports/2015/Nielsen%20Global%20E-Commerce%20and%20 The%20New%20Retail%20report%20APRIL%202015%20%28Digital%29. pdf>, Nielsen, accessed 10 July 2015.

Ovington, L, McIntyre, E, Saliba, A & Bruwer , J 2014, 'Why do people avoid wine? Comparisons across Australia, Canada, United Kingdom, United States and India', *Wine and Viticulture Journal*, vol. 29, no. 4, pp. 63-5.

Pare, V & Dawes, J 2011, 'The persistence of excess brand loyalty over multiple years', *Marketing Letters*, vol. 21, no. 2, pp. 163-75.

Pickford, C & Goodhardt , G 2000, 'An empirical study of buying behaviour in an industrial market', Academy of Marketing Annual Conference(AM2000),5-7 July, University of Derby, Derby, UK.

Press Trust of India 2013, 'Samsung beats Nokia to top spot in India , Apple posts strong gains, survey', *NDTV Gadgets*,21 August, <http://gadgets. ndtv. com/mobiles/news/samsung-beats-nokia-to-top-spot-in-india-apple-posts-strong-gains-survey-408478>, accessed 24 June 2015.

Reddy, M & Terblanche, N 2005, 'How not to extend your luxury brand', Harvard Business Review, December, <https://hbr. org/2005/12/how-not-to-ex-

tend-your-luxury-brand>, accessed 2 July 2015.

Redford, N 2005, 'Regularities in media consumption', Master's thesis, University of South Australia, Adelaide.

Reichheld, FF 2003, 'The one number you need to grow', *Harvard Business Review*, December, pp. 46-54.

Riebe, E, Wright, M, Stern, P & Sharp, B 2014, 'How to grow a brand: retain or acquire customers?', *Journal of Business Research*, vol. 67, no. 5, pp. 990-7.

Roberts, K 2004, *Lovemarks: The Future Beyond Brands*, Murdoch Books, Sydney.

Romaniuk, J 2003, 'Brand attributes—"distribution outlets" in the mind', *Journal of marketing Communications*, vol. 9, June, pp. 73-92.

Romaniuk, J 2008, 'Comparing methods of measuring brand personality traits', *Journal of marketing Theory and Practice*, vol. 16, no. 2, pp. 153-61.

Romaniuk, J 2009, 'The efficacy of brand-execution tactics in TV advertising, Brand placements and internet advertising', *Journal of Advertising Research*, vol. 49, no. 2, pp. 143-50.

Romaniuk, J 2013, 'Modeling mental market share', *Journal of Business Research*, vol. 6, no. 2, pp. 188-95.

Romaniuk, J, Beal, V & Uncles, M 2013. , 'Achieving reach in a multimedia environment: how a marketer's first step provides the direction for the second', *Journal of Advertising Research*, vol. 53, no. 2, pp. 221-30.

Romaniuk, J, Bogomolova, S & Dall'Olmo Riley, F 2012, 'Brand image and brand usage: is a forty-year-old empirical generalization still useful?', *Journal of Advertising Research*, vol. 52, no. 2, pp. 243-51.

Romaniuk, J & Dawes, J 2005, 'Loyalty to price tiers in purchases of bottled wine', *Journal of Product and Brand Management*, vol. 14, no. 1, pp. 57-64.

Romaniuk, J, Dawes, J & Nenycz-Thiel, M 2014a, 'Generalizations regarding the growth and decline of manufacturer and store brands', *Journal of Retailing and Consumer Services*, vol. 21, no. 5, pp. 725-34.

Romaniuk, J, Dawes & Nenycz-Thiel, M 2014b, 'Understanding patterns of brand share growth and decline in emerging markets', European Marketing Academy Conference(EMAC), 3-6 June, University of Valencia, Valencia, Spain.

Romaniuk, J & Gaillard, E 2007, 'The relationship between unique brand associations, brand usage and brand performance: analysis across eight categories', *Journal of Marketing Management*, vol. 23, no. 3, pp. 267-84.

Romaniuk, J & Hartnett, N 2010, 'Understanding, identifying and building distinctive brand assets', Report 52, Ehrenberg-Bass Institute for Marketing Science, Adelaide.

Romaniuk, J, & Nenycz-Thiel, M 2014, 'Measuring the strength of color-brand name links', *Journal of Advertising Research*, vol. 54, no. 3, pp. 313-19.

Romaniuk, J, Nenycz-Thiel, M & Truong, O 2011, 'Do consumers reject brands? Which, where and how often', Report 61, Ehrenberg-Bass Institute for marketing Science, Adelaide.

Romaniuk, J & Nicholls, E 2006, 'Evaluating advertising effects on brand perceptions: incorporating prior knowledge', *International Journal of market Re-*

search, vol. 48, no. 2, pp. 179-92.

Romaniuk, J & Sharp, B 2000, 'Using known patterns in image data to determine brand positioning', *International Journal of Market Research*, vol. 42, no. 2, pp. 219-30.

Romaniuk, J & Sharp, B 2003, '"Pareto share" in customer knowledge based brand knowledge', Australia and New Zealand Marketing Academy (ANZMAC) conference, 3 - 5 December, Ehrenberg-Bass Institute for Marketing Science, Adelaid.

Romaniuk, J & Sharp, B 2004, 'Conceptualizing and measuring brand salience', *Marketing Theory*, vol. 4, no. 4, pp. 327-42.

Romaniuk, J & Wight, S 2009, ' The influence of brand usage on responses to advertising awareness measures', *International Journal of Market Research*, vol. 51, no. 2, pp. 203-18.

Romaniuk, J & Wight, S 2014, 'The stability and sales contribution of heavy buying households', *Journal of Consumer Behaviour*, vol. 14, no. 1, pp. 13-20.

Rosch, E Mervis, CB 1975, 'Family resemblances: studies in the internal structure of categories', *Cognitive Psychology*, vol. 7, pp. 573-605.

Rubinson, J 2009, ' Empirical evidence of TV advertising effectiveness', *Journal of Advertising Research*, vol. 49, no. 2, pp. 220-6.

Safi 2015, 'About us', *Safi*, <http://safi. com. my/web-en/about-us/safiphilosophy. php>, accessed 25 June 2015.

Sawyer, A, Noel, H & Janiszewski, C 2009, 'The spacing effects of multiple exposures on memory: implications for advertising scheduling ', *Journal of*

Advertising Research, vol. 49, no. 2, pp. 193-7.

Scriven, J & Ehrenberg, ASC 2003, 'How consumers choose prices over time', Report 32 for corporate members, Ehrenberg-Bass Institute for Marketing Science, Adelaide.

Sharp, B 2009, 'Detroit's real problem: it's customer acquisition, not loyalty', *Marketing Research*, Spring, pp. 26-7.

Sharp, B 2013, *Marketing: Theory, Evidence, Practice*, Oxford University Press, Melbourne.

Sharp, B, Beal, V & Collins, M 2009, 'Television: back to the future', *Journal of Advertising Research*, vol. 49, no. 2, pp. 211-29.

Sharp, B, Newstead, K, Beal, V, Tanusondjaja , A & e Kennedy, R 2014, 'Key media principles', Report 66, Ehrenberg-Bass Institute for Marketing Science, Adelaide.

Sharp, B & Romaniuk, J 2007. 'There is a Pareto law—but not as you know it', Report 42 for corporate sponsors, Ehrenberg-Bass Institute for Marketing Science, Adelaide.

Sharp, B, Trinh, G & Dawes, J 2014, 'What makes heavy buyers so heavy ? Do they favour you or just eat a lot?' Report 65, Ehrenberg-Bass Institute for Marketing science , Adelaide.

Sharp, B, Wright, M & Goodhardt , G 2002, 'Purchase loyalty is polarised into either repertoire or subscription patterns', *Australasian Marketing Journal*, vol. 10, no. 3, pp. 7-20.

Singh, J, Scriven, J, Clemente, M, Lomax, W & Wright, M 2012, 'New brand extensions: patterns of success and failure', *Journal of Advertising Research*, vol. 52, no. 2, pp. 234-42.

Smith, R 2011, 'In tribute to Wells, banks try the hard sell', *Wall Street Journal*, 28 February, < www. wsj. com/articles/SB10001424052748704430304576170702480420980>, accessed9 July 2015.

Statista 2015, 'Number of digital shoppers in the United States from 2010 to 2018(in millions)', Statista : The Statistics Portal, <www. statista. com/statistics/183755/number-of-us-internet-shoppers-since-2009/>, accessed 4 July 2015.

Stern, P & Ehrenberg, A 1997, ' Replication means extension', European Marketing Academy Conference (EMAC), 20 – 23 May University of Warwick, Conventry , UK.

Sugawara, T 2014, 'Alibaba taps countryside for 600 million more customers', *Nikkei Asian Review* , 6 December, < http://asia. nikkei. com/Business/Companies/Alibaba-taps-countryside-for-600-milion-more-customers >, accessed 2 July 2015.

Sylvester, AK , McQueen, J & Moore, SD 1994, 'Brand growth and "phase 4"marketing', *Admap*, September, available from *Warc*, <www. warc. com>.

Tang, Y, Zhang, W, Chen, K, Feng, S, Ji, Y, Shen, J Reiman, E & Lui, Y 2006, 'Arithmetic processing in the brain shaped by cultures', *Proceedings of the National academy of Sciences*, vol. 103, July, pp. 10775-80.

Taylor, JW 1977, 'A Striking Characteristic of Innovators', *Journal of Marketing Research*, vol. 14, February, pp. 104-7.

Taylor, J, Kennedy, R & Sharp, B 2009, 'Making generalizations about advertising's convex sales response function: is once really enough?', *Journal of Advertising Research*, vol. 49, no. 2, pp. 198-200.

Trinh, GT, Romaniuk, J & Tanusondjaja, A 2015, 'Benchmarking buyer behavior towards new brands', *Marketing Letters*, DOI 10. 1007/s11002-015-9376-8.

Truong, O 2014, 'Do consumer behaviour empirical generalisations hold in emerging markets?', Master's thesis, University of South Australia.

Truong, O, Faulkner, M & Mueller Loose, S 2012. 'An examination of consumer profiles across brands in emerging markets', Australia and New Zealand Marketing Academy(ANZMAC) conference, 3-5 December, Ehrenberg-Bass Institute for Marketing Science, Adelaide.

Truong, O, Romaniuk, J & Nenycz-Thiel, M 2011, 'The incidence of brand rejection in FMCG categories', Australia and New Zealand Marketing Academy (ANZMAC) conference, 28-30 November, Edith Cowan University, Perth.

Tulving, E & Craik, FIM 2000, *The Oxford Handbook of Memory*, Oxford University Press, Oxford.

Uncles, M, East, R & Lomax, W 2010, 'Market share is correlated with word-of-mouth volume', *Australasian Marketing Journal*, vol. 18, pp. 145-50.

Uncles, M & Hammond, K 1995, 'Grocery store patronage', *International Review of Retail, Distribution & Consumer Research*, vol. 5, no. 3, pp. 287-302.

Uncles, M, Kennedy, R, Nenycz-Thiel, M, Singh, J & Kwok, S 2012, 'User profiles for directly competing brands seldom differ: reexamining the evidence', *Journal of advertising Research*, vol. 52, no. 2, pp. 252-61.

Uncles, MD 2010, 'Retail change in China: retrospect and prospect', *Inter-

national Review of Retail, Distribution and Consumer Research, vol. 20, no. 1, pp. 69-84.

Uncles, MD & Ehrenberg, A 1990, 'The buying of packaged goods at US retail chains', *Journal of Retailing*, vol. 66, no. 3, pp. 278-96.

Uncles, MD, Hammond, KA, Ehrenberg, ASC & Davies, RE 1994, 'A replication study of two brand-loyalty measures', *European Journal of Operational Research*, vol. 76, no. 2, pp. 375-85.

Uncles, MD & Kwok, S 2008, 'Generalizing patterns of store-type patronage: an analysis across major Chinese cities', *International Review of Retail, Distribution and Consumer Research*, vol. 18, no. 5, pp. 473-93.

Uncles, MD & Kwok, S 2009, 'Patterns of store patronage in urban China', *Journal of Business Research*, vol. 62, no. 1, pp. 68-81.

Watts, DJ & Dodds, PS 2007, 'Influentials, networks, and public opinion formation', *Journal of Consumer Research*, vol. 34, no. 4, pp. 441-58.

Wentz, L 2013, 'A leader in Latin-influenced food market, Goya enters baby aisle', *Advertising Age*, <http://adage.com/article/hispanic-marketing/a-leader-changing-market-goya-enters-baby-food-aisle/243089/>, accessed 9 July 2015.

Wilbur, K & Farris, P 2013, 'Distribution and market share', *Journal of Retailing*, vol. 90, no. 2, pp. 154-67.

Winchester, M & Romaniuk, J 2008, 'Negative brand beliefs and brand usage', *International Journal of Market Research*, vol. 50, no. 3, pp. 355-75.

Winchester, M, Romaniuk, J & Bogomolova, S 2008, 'Positive and negative brand beliefs and brand defection/uptake', *European Journal of*

Marketing, vol. 42, no. 5/6, pp. 553-70.

Wragg, C & Regan, T 2012, 'Marketing food: Quorn's new appeal', *Admap*, November, pp. 32-3, available from *Warc*, <www. warc. com>.

Wright, M & Sharp, A 2001, 'The effect of a new brand entrant on a market', *Journal of Empirical Generalisations in Marketing Science*, vol. 6, pp. 15-29.

Yueh, L 2013, 'The rise of the global middle class', *BBC News*, 19 June.

译后记

2016 年,我从国外将《非传统营销》第 1 册引入中国并进行翻译出版,当时行业里掀起来一阵浪潮,无数品牌创始人与操盘手都被书中提到的顾客规律、品牌增长真相颠覆与震撼了。因为市面上其他图书大多数基于碎片化案例、个人经验,缺乏数据,而《非传统营销》基于大量实证数据与品牌案例,而且更侧重于回到顾客购买规律与顾客大脑认知层面,去拆解品牌增长的底层逻辑。

《非传统营销》第 1 册中,译者耗费很多笔墨对传统营销经验进行颠覆和挑战,但并没有对"品牌应该怎么做"进行太多的指导。《非传统营销Ⅱ》中,则增加了更多关于"品牌如何做"的策略指导,其中很多观点,同样基于顾客规律的底层逻辑展开,相信会对各位品牌创始人有实战层面的战略启发。

但遗憾的是,《非传统营销》两册书还是比较缺乏更为系统化、体系化的提炼总结,以及对于中国这个快速变化市场的研究。所以,过去近 6 年,在我们宝洁系品牌创始人与各位校友联合成立的 HBG 品牌研究院,我们对中国市场、中国品牌进行了丰富的理论提炼以及大量的实战案例分享,期望 HBG 品牌研究院能够在类似《非传统营销》等一系列专业图书的基础上,结合宝洁系多品牌管理的经验,以及 HBG 研究院校友们丰富的品牌实战经验,总结出更多能够让品牌不仅增长更能持续健康增长的系统品牌方法论。

最后,感谢为这本书的面世付出辛劳的各位同行、志愿者和团队成员。翻译《非传统营销Ⅱ》,其实经历多年波折,能够最终走向读者,离不开同行、团队的支持。感谢王若凡、肖启羽、曾颖、苏婷、宋嘉琦、汤嘉源、蔡坤、姚丹、吕天麟、戚海峰、周雅静、谢思佳、陈曦、杨迪、尹雅乐、韩靖、郭慧等,在此无法一一列举各位的名字,但感谢大家的协助,这本书终于诞生了。同时,感谢出版社多年来的陪伴与支持。

各位同行有任何关于品牌的问题,欢迎与我交流(个人微信:seedrestart)。

麦 青

HBG 品牌研究院院长